プロ投資家の「株を買いたくなる会社」の選び方

なぜトヨタは「買い」ではないのか

加谷珪一
Kaya Keiichi

さくら舎

はじめに

世界的な低金利がつづき、多くの人が、よりよい投資機会を求めています。

株式投資はあらゆる投資の基本であり、しっかり準備をしたうえで取り組めばそれほど危険なものではありません。しかし**現実は、参加者の8割が損をするという厳しい世界と**なっています。

では、株式投資に取り組む個人投資家の多くが失敗してしまうのはどうしてなのでしょうか。その理由は、投資の基礎をしっかり身につけていないからです。

中長期的なスタンスの株式投資で成功するためには、企業の評価に関して、一定の基礎を身につける必要があります。これがないまま投資をしてしまうと、プロの投資家の格好の餌食《えじき》となってしまいます。

逆にいえば、この基礎さえしっかりと身につけておけば、安心して投資に取り組むことができるのです。

プロ投資家が重視する「数字」「市場」「シナリオ」

筆者はビジネス誌などを発行している日経ＢＰの記者としてキャリアをスタートさせ、その後、野村證券グループの投資ファンド運用会社に転じて投資の仕事に従事しました。独立後はコンサルティング会社を経営するかたわら、株式投資や不動産投資を積極的におこない、**億単位の個人資産をつくることに成功**しました。

現在は経済評論家として活動していますが、投資は継続していますから、現役の個人投資家でもあります。

筆者はサラリーマンとしても投資を経験しましたし、個人投資家としても相応の経験と実績がありますから、両方の世界をよく知っています。

プロにはプロの利点がありますが、プロがすべての面において強いというわけではありません。一方で、個人投資家には個人投資家のメリットがあるわけですが、プロと比較して不十分な点も少なくありません。

本書は**プロが持つノウハウを個人投資家がどのようにして身につければよいのか**という視点で執筆したものです。プロの投資家なら誰でも身につけている投資の基礎について解説し、それをもとに、著名な企業10社について分析をおこないました。

10社の解説は読み物風になっていますので、気むずかしく考える必要はありません。**大事なのは、どのような視点で、どう考えるのか**という部分です。

この考え方さえ身についてしまえば、普段から意識することなく、自然な流れで企業を評価できるようになるでしょう。

直接、投資に関わらない人であっても、プロの投資家たちが何を考え、どう行動しているのかを理解しておくことは重要です。企業の経営者が市場を強く意識して行動している以上、企業を知るためには、投資家の動きについても知っておく必要があるからです。

プロの投資家が重視するのは「数字（財務）」「市場（マーケット）」「ストーリー」の3つです。

どのような局面においても、この3つの項目は欠かすことができません。

逆にいえば、投資で勝てない人というのは、これらの項目のどれかが欠如《けつじょ》している可能性が高いのです。

企業の分析ができれば成果が上がる

本書は「Ⅰ　投資先はシンプルに選ぶ」「Ⅱ　日本の10社の将来を評価する」の二部構成となっています。

「Ⅰ」では、重要な3つの項目「数字」「市場」「ストーリー」についてくわしく解説しました。ここはすべての基礎となる部分ですから、しっかり頭に入れてください。

3つの項目を使って自然に物事を考えられるようになるのが理想的です。そうなれば、肩に力を入れなくても企業の分析ができるようになり、投資の成果は飛躍的に向上するはずです。

「Ⅱ」では、日本を代表する10社を取り上げ、そのなかで、3つの項目をどう活用するのかを具体的に解説していきます。

製造業からはトヨタ自動車、三菱重工、東芝、ソニーの4社を取り上げました。サービス業からは、セブン&アイ・ホールディングス、ソフトバンク、三菱ＵＦＪフィナンシャル・グループ、ヤマトホールディングスの４社を、ネット企業としては楽天とＬＩＮＥの２社を取り上げました。

これらの事例を参考に、興味のある銘柄について、自分なりのシナリオを描いてみてください。慣れてきたら、ニュースなどで気になる企業名を耳にしたときには、すぐにこのやり方で分析するクセをつけてください。

こうした作業が日常的にこなせるようになれば、あなたはプロの投資家の仲間入りを果たしたも同然です。

加谷《かや》珪一《けいいち》

目次◆プロ投資家の「株を買いたくなる会社」の選び方――なぜトヨタは「買い」ではないのか

II 日本の10社の将来を評価する

おわりにかえて――これからの時代と企業を読む

プロ投資家の「株を買いたくなる会社」の選び方

――なぜトヨタは「買い」ではないのか

Ⅰ

投資先はシンプルに選ぶ

イメージで会社を選ぶのは大間違い

株式投資をおこなうにあたって最初の関門となるのが、**どの企業に投資すればよいのか**という問題です。

いま、筆者は最初の関門と書きましたが、銘柄の選択はそれだけにとどまるものではありません。**銘柄選びは株式投資のすべてであり、これがうまくいくかどうかで投資の成否が決まる**といっても過言ではありません。

投資の教科書を読むと、さまざまな投資テクニックが書いてありますが、よい銘柄さえ選定していれば、タイミングを多少間違っても大丈夫です。逆に銘柄の選定でミスしてしまえば、ほかの手法でカバーすることはきわめて困難です。

つまり、株式投資というのは「よい会社」を選ぶことに尽きるわけですが、たいていの場合、銘柄選びは最初の段階から失敗しています。誤解を恐れずにいうと、**多くの人が抱**

く企業イメージは間違いだらけなのです。

間違った基準で「よい会社」を選んでいては、投資に失敗するのは当然のことです。投資で成功するためには、正しい基準で会社を選別しなければいけません。

人気企業ランキングは「いま」を見ている

毎年、就職活動の時期になると、「学生に人気の高い企業」ランキングがよく発表されます。学生はそれほど企業社会のことを知りませんから、とても純粋です。学生によるランキングの結果は、余分なバイアスが入りにくいので、ごく一般的な企業の人気を表わしているとみて差し支えないでしょう。

学生に人気の高い企業は、企業にそれほど興味のない一般人が抱く「よい企業」のイメージとかなりの部分で一致しているはずです。では、学生に人気の企業とは具体的にどこでしょうか。

マイナビが実施した大学生の就職企業人気ランキングによると、2017年卒の人気ナンバーワンは文系ではJTB、理系では味の素でした。文系の2位はANA、3位はHI

S（エイチ・アイ・エス）、理系の2位はJR東日本、3位は資生堂という結果です。

では、いまから20年以上前の1995年のランキングはどうだったでしょうか。

1位だったのはNTT、2位は伊藤忠商事でした。さらにさかのぼって1980年では、1位は三菱商事、2位は三井物産と、商社が1位と2位を占めていました。

ちなみに、いまのランキングにはNTTや伊藤忠商事という名前は出てきません。

この結果からはさまざまなことがわかります。

もっとも重要なのは、こうした**ランキングには、「いま」の感覚が強く反映されている**という点です。日本人は基本的に保守的ですから、学生の多くは、一生涯、その会社に勤めようと思って会社を選んでいるはずです。しかしながら、彼らが基準とするのは、過去でも将来でもなく「いま」になりがちです。

一方、**株式投資というのは、その企業の将来に対して投資をすること**です。基準を将来に設定しなければ投資で勝つことはできません。

プロ投資家は「将来」を見ている

プロの投資家は、ここでランキングに登場した企業についてどう考えているのでしょうか。

文系で1位になったJTBと3位になったHISは、ともに旅行代理店です。

JTBは旅行代理店の老舗《しにせ》、HISは格安航空券の販売で伸びた企業です。どちらも優良企業ですが、両社のおもな顧客層は高齢者で、今後の伸びはあまり期待できない業種です。

また旅行の予約は近い将来、AI（人工知能）にすべて取って代わられるとの予測もあります。つまり**プロの投資家の目線で見ると、旅行代理店というのは、基本的に縮小する業界**なのです。

もっとも衰退業種だからといって投資の対象にならないかというと、そうではありません。産業の衰退を大前提に、大胆にビジネスモデルを転換する余地が残っているからです。

実際、HISの創業社長である澤田秀雄《さわだひでお》氏は旅行代理店業務には見切りをつけ、新規事業に舵《かじ》を切る決断を下しています。つまり投資判断の基準がまったく変わってくるのです。

業界がなくなるという危機感から、大胆な経営方針の転換ができるかどうかに賭ける投資と、純粋によい企業だから伸びるだろう、という視点での投資では、考え方が180度変わってきます。

鉄道ビジネスはこの先、人口減少で不利に

理系で2位に入ったJR東日本も、同じような文脈で考えることができます。

JR東日本は巨大企業であり、倒産する可能性はほぼゼロといってよいでしょう。しかし業界の今後の推移という点では、非常にむずかしい分野のひとつです。**鉄道のビジネスは、人口動態の影響を大きく受ける**からです。

鉄道はひとたび線路を敷設《ふせつ》してしまえば、そこに人がいる限り、確実に利益を確保できます。JRはもともと国鉄であり、もっとも条件のよい場所に税金で鉄道をつくった会社ですから、圧倒的に有利な立場にあると考えてよいでしょう。

ところが、そうであるがゆえに、ひとたび人口が減少に転じることになると、こうした企業は逆に不利になります。線路のインフラは何十年単位の投資ですから、鉄道会社はすぐに経営体制をスリムにすることはできません。

沿線の人口が減ってくると、鉄道会社の収益もジワジワと低下してくることになります。

ＪＲ東日本は超優良企業ですが、投資先として考えた場合、必ずしもそうとは限りません。

先ほどの旅行代理店と同様、縮小する市場において、新しい戦略をどう打ち出すのかに賭ける投資ということになりますから、少しクセのある投資にならざるを得ないでしょう。

ＪＲ東海の場合には、リニアという大きな課題もあります。巨費を投じてリニアを開通させたところで、東京、名古屋、大阪を移動する人の数が増えるわけではないからです。

リニアと新幹線で顧客の奪い合いとなりますから、**リニア開通後のＪＲ東海の利益は大幅に減少する**ことがほぼ確定的です。このあたりを考慮に入れて投資を判断しなければなりません。

チェックポイント

多くの人が抱く企業イメージは間違いだらけ

旅行代理店、鉄道ビジネスの今後は厳しい

技術とはつねに進歩するもの

日本はモノづくりの国ですから、製造業は株式投資の世界においても有力な投資先のひとつとなります。しかし、先ほどの企業イメージの話と同様、多くの人が抱く、技術に対するイメージにもかなりの偏《かたよ》りがあります。うまくバランスをとるよう意識しないと投資はうまくいきません。

「ハードからソフトへ」に適応できなかった日本

「技術とはつねに進歩するもの」です。

こう書くと「そんなこと当たり前じゃないか」との声が聞こえてきそうですが、多くの人がこの事実をしっかり認識できていません。市場ではすでに次の技術に関心が移っているのに、**古い技術に固執してしまい、投資判断もそれをベースにおこなってしまう人が多いのです。**

そのよい例が半導体産業でしょう。筆者の大学における専攻は原子力工学ですから、じつはコテコテの理工系です。しかも、小さい頃から機械いじりや工作が大好きでした。

筆者が小学校の低学年の頃は、まだ一部には真空管が残っており、半導体もトランジスタが主流でした。半田《はんだ》ごてを片手に、トランジスタラジオを組み立てた記憶があります。

小学校の高学年になると、ＩＣ（集積回路。トランジスタやコンデンサなどの電子部品を集積し、1個の基板に組み込んだ超小型の電子回路）が普及しはじめ、工作でつくれるモノも急激に進歩しました。

そしてＬＳＩ（大規模集積回路）が登場し、パソコンの普及がはじまります。

パソコンの登場は、筆者にとっても衝撃的な出来事でした。これまでハードウェアで機能を実現していたものが、ソフトウェアで簡単に代替《だいたい》できるようになったからです。

ハードの場合には、いったん回路をつくってしまったら、それを変更するのは容易ではありません。ところがソフトの場合には、プログラムを書き換えるだけで機能を簡単に変更することができます。ハードウェアの回路を変更する手間と比較した場合、生産性は1

00倍、1000倍以上にもなるわけです。

これはとんでもないことになった、と子供ながらに感じたものです。

つまり、パソコンが普及してソフトウェアが主流になると、ハードウェアはただのハコになってしまい、その付加価値が大幅に下がってしまうのです。

当時、中学生だった筆者ですらソフトウェアが持つ破壊力のすさまじさは理解できたわけですから、高度な知識を持った大人は状況をもっと的確に理解していたはずです。

ところが現実には、**日本企業はソフトウェアへのシフトを積極的におこなわず、いわゆるITの分野では、ほぼすべての主導権を米国勢に奪《うば》われてしまいました。**

液晶にこだわって失敗したシャープ

似たようなことは、いまでもつづいています。

液晶《えきしょう》も半導体の一種ですが、ソフトウェアが主流になると、どんなに高度な技術があっても、ハードは添え物にならざるを得ません。

世界の人々は、iPhone《アイフォーン》の液晶画面が欲しくてiphoneを買っているのではなく、あの機能全体を欲しています。そして、ｉＰｈｏｎｅの機能を形づくっているのは豊富なソフトウェア群です。

そうなってくると、**液晶パネルのような部品はすぐにコモディティ化（日用品化）し、価格破壊が起こる**ことは容易に想像できます。

安く大量生産するようなビジネスモデルにおいて、労働コストの安い中国や韓国と勝負するのはナンセンスといってよいでしょう。

しかしシャープは、巨額の液晶投資に邁進《まいしん》し、市場もそれを高く評価していました。シャープの液晶に対する過剰投資については、一部から無謀《むぼう》であると指摘する声は出ていましたが、社会で共有されていたとはとてもいえないでしょう。結果はみなさんがよく知っているとおりです。

「技術は進歩する」を肝に銘じる

多くの人は、技術というのはつねに進歩するものである、ということの簡単な事実を、無意識的に、そしてときには意図《いと》的に忘れ去ってしまうのです。

筆者は中学生のときに、知識ではなく体験としてソフトウェアが持つ破壊力を実感しました。しかし、それは筆者が子供だったからこそ、強く感じることができたともいえます。子供には仕事上のしがらみなど存在しないからです。

しかし人は「大人」になると、多くのしがらみを抱えてしまい、こうした純粋な「気づき」を失ってしまいます。最悪の場合には、それが企業の経営判断や投資判断にも影響してくるのです。

子供が持つ純粋な感覚を維持するためにも、大人であるわたしたちは、意識の持ち方に工夫が必要となるわけです。

自動車や航空機は儲からないビジネスになりつつある

技術が進歩することで、かつて高い付加価値を持っていたものが陳腐《ちんぷ》化する現象は、あらゆる業界で発生しています。投資判断に大きな影響を与えそうな分野としては、自動車、航空機、小売店などでしょう。

いま、自動車業界は急速にＥＶ（電気自動車）へのシフトが進んでいます。もともと自動車は電気で動くものでしたが、当時はバッテリーの技術がいまほど進歩しておらず、電気自動車は長い距離を走ることができませんでした。そのため、ガソリンを中心とする内燃機関が主流になったという歴史的経緯があります。

一般的な自動車の走行特性を工学的に考えると、自動車の動力には内燃機関よりもモーターのほうが適しています。近年、バッテリーの技術が急速に進歩してきましたから、**ガソリン車からEVへシフトするのは、ある意味で必然といってよい出来事**なのです。

しかし、自動車メーカー各社のＥＶへの対応状況はまちまちです。ここで判断を誤ると、シャープのような事態におちいる可能性もゼロではありません。

自動車産業は日本の基幹産業ですが、**かつてない変革のときを迎えている**のです。

航空機産業も同様です。のちほどくわしく説明しますが、三菱重工業は国産初のジェット旅客機であるＭＲＪを開発しています。

かつて航空機産業には高い付加価値がありましたが、他の分野と同様、技術のコモディティ化が急速に進んでいます。

飛行機を構成する部材はほぼ共通化されており、極論すると**パソコンのように、部品を買ってきて組み立てるだけで航空機は完成**してしまいます。つまり、**どのメーカーがつく**

っても、中身はほぼ同じになってしまうのが現代の航空機なのです。

そうしたビジネスは差別化しにくく薄利多売というやり方になりますから、もともと高いシェアがあり、分厚い顧客基盤を持つボーイングのような大手が圧倒的に有利となります。一方、ゼロから新規参入する三菱重工にとっては、最初から不利なゲームです。

MRJの将来性に期待して三菱重工に投資をするのであれば、こうした技術動向や市場動向を冷静に分析する必要があります。

薄利多売のビジネスを制する企業体力を三菱重工が持っているのであれば投資してもよいですが、もしそうでないと判断するなら、慎重になったほうがよいでしょう。

チェックポイント

最新の技術もいずれコモディティ化し、価格破壊が起こる
自動車産業や航空機産業はコモディティ化が進む

投資とは「将来」にお金を投じること

投資と投機は違うとよくいわれます。

投機は、偶然の要素が強い市場で、短期間の価格の上下に賭けるような取引を指すことが一般的です。これに対して投資とは、投資先の企業が、将来生み出す収益に対して資金を投じる行為を指しています。

株式市場にも投機の側面と投資の側面がありますが、株式はその性質上、投資の要素が強い商品です。

その理由は、**株式に投資するということは、**部分的とはいえ、**その会社の所有者（オーナー）となり、経営に参画《さんかく》する行為**だからです。

これは知人がラーメン屋を出すので、そこに出資するということと基本的に同じ行為になります。

株価が上昇すればいい？

トヨタに投資したということは、トヨタの事業に対してお金を出し、将来、トヨタが生み出した収益を配当などの形で還元してもらうことを意味しています。トヨタの事業が拡大すれば、当然、配当も増えて株価も上がってきますから、投資家は儲かりますが、株価の上昇が投資の本質ではありません。

トヨタの**事業が将来、順調に拡大して収益を生み出すことを期待して、そのための必要資金を投じるのが株式投資**です。株価の上昇は、結果としてもたらされるものにすぎません。だからこそ、株主には株主総会に出席し、経営方針に対して一票を投じる権利が与えられているわけです。

トヨタに投資をした人は、「いま、いくら儲かっているのか」ももちろん重要なのですが、**「今後の事業はどうなるのか」という将来性の部分がより大事**になってくるわけです。

しかし、こうした視点を持つことは意外とむずかしいことです。

同じニュースを見ても反応が真逆になる

先日、あるテレビの経済番組で、興味深いやりとりがありました。

欧州の自動車メーカーの四半期決算が好調だというニュースを受け、スタジオに呼ばれた株式の専門家がコメントし、女性キャスターがこれに対してさらにコメントするという場面でした。

株式の専門家は、現在の自動車市場を考えると決算が好調なのは当然のことであると前置きしたうえで、**「市場の興味・関心はすでに目先の決算にはない」**とコメントしました。

フランス政府や英国政府は２０４０年までにガソリン車を廃止する方針を打ち出しており、欧州では急速にＥＶシフトが進んでいます。これにどう対応するかでメーカー側は戦々恐々となっており、もはや目先の決算などどうでもよくなっているというのがその理由でした。

そのくらい、「ＥＶシフトがもたらすインパクトが大きい」ということを彼は主張したかったのだと思います。この専門家の見解はおおむね妥当《だとう》といってよいでしょう。

ＥＶへの対応を誤れば、場合によっては巨大メーカーですら倒産するリスクが出てきます。これからの数年間は、業績がうんぬんということよりも、ＥＶ対応に市場の関心が集中するのは当然のことですし、投資もそこが基準となることは明らかです。

ところが、このコメントに対する女性キャスターの反応はまったく逆でした。

彼女のコメントは「ガソリン車を廃止するといっても、かなり時間がかかりますよね」「それまでは自動車メーカーはガソリンとＥＶの両睨《にら》みということにならざるをえないのでしょうね」というものでした。

ＥＶシフトという黒船を前に**「もう時間がない」**と焦《あせ》っている自動車メーカーや、それを大前提にしている投資関係者のコメントに対して、キャスターは、ＥＶシフトには時間がかかるので、**「当面は様子見になる」**と再コメントしているわけですから、両者の考え方はまさに正反対ということになります。

筆者はキャスターのコメント内容を批判したいわけではありません。

テレビのキャスターには、一般的な視聴者の思いを代弁するという役割があります。経済番組とはいっても基本的な部分は同じですから、その意味では、彼女は完璧《かんぺき》に仕事をこなしているともいえます。

この専門家と女性キャスターの見解の違いは、まさに**投資のプロと投資の初心者との違い**と置き換えてよいでしょう。同じニュースを同じタイミングで見た場合ですら、**出てくる結論がほぼ180度違ってくる**のです。

判断の基準は「将来」に置く

投資を前提にするのであれば、一般的な視聴者が持つ感覚を持っていては、ゲームに勝つことはできません。

「いま」がどうなっているのかということはもちろん大事ですし、最初の判断基準はそこになります。しかし株式投資というものが、その事業の将来性に対して資金を投じるという性質のものである以上、**投資の判断基準もつねに「将来」に対してフォーカスしていく**必要があります。

のちほど解説しますが、プロの投資家は、今後の成長に関する「シナリオ」をきわめて重視します。企業の経営者が立てたシナリオと自身のシナリオが一致している状態が理想的な投資案件になります。

これができるかできないかが、投資で成功するかどうかの分かれ目となるのです。

チェックポイント

自動車市場の関心はＥＶシフト対応
「いま儲かっているか」より「今後どうなるか」

マスメディアの報道を使うにはコツが要る

投資に関する情報源として、多くの人がマスメディアの報道を利用していると思います。これはプロの投資家も同じで、**マスメディアの報道をしっかり分析することは、情報収集の基本中の基本**です。

世の中には、マスメディアの報道に出てこない特殊な情報にこそ意味があり、こうした情報を得られる人が投資の世界で勝てるのだと強く信じている人がいます。

たしかに、一部にはそうした有益な情報もあるのですが、情報公開が進んだ現代社会では、一般に流通していない情報ということになると、インサイダー情報であることがほとんどです。当然のことながら、これを利用して投資をすることは禁止されています。

つまり、**投資の世界では一般公開されている情報の入手とその分析がすべてである**ということを理解しておく必要があります。

情報収集という部分では、プロと初心者とにそれほど大きな差はないのです。

どちらのタイトルが真実を示しているか？

しかしながら、公開情報をうまく活用するためには少しばかりコツが必要です。特にマスメディアの報道にはクセがありますから、それをしっかりと理解したうえで情報を活用しなければなりません。

報道というのは客観的なものだと思っている人が多いと思います。たしかに報道機関が提供する記事はできるだけ客観性が保てるようさまざまな工夫がなされていますが、厳密にいえば、**１００％客観的という報道はあり得ません。**

報道には事実（ファクト）と、その分析・評価という2つの要素がありますが、分析・評価の部分においては、どうしてもある種の価値観が反映されてしまいます。

２０１６年11月、トヨタが２０２０年をメドにＥＶの量産化に踏み出すというニュースがありました。

このニュースを報じた毎日新聞と日経ビジネスのコラムのタイトルを見てみましょう。

「トヨタEV量産へ　20年めど、各国の普及策に対応」（毎日新聞）
「トヨタがEVを投入せざるを得ない事情」（日経ビジネス）

トヨタが2020年にEV量産（その後2019年に前倒し）に踏み切るというのは、事実（ファクト）ということになります。しかし、それをどのような切り口で報じるのかという部分については、書き手の価値観に依存してきます。

毎日新聞のタイトルはファクトが中心ですが、場合によってはトヨタが各国の政策に対応し、躍進しているというイメージを持つ人がいるかもしれません。一方、日経ビジネスのコラムのタイトルを見た読者は、トヨタが多少追い詰められているという印象を持つことでしょう。

では、この2つのタイトルはどちらが客観的なのでしょうか。

たしかに事実だけを書いた毎日のほうが教科書的には客観的ということになりますが、事実だけを書けば、それで状況を的確に理解できるのかというとそうではありません。現実には、**トヨタはEV戦略で出遅れており、このとき遅ればせながらようやく決断したと**

いうのが実態でした。

そうなってくると、多少恣意《しい》的なニュアンスが含まれているものの、日経ビジネスのコラムのほうが現実をよく表わしているともいえます。

しかし一部の人たちはこうしたニュアンスを含んだ記事について「客観的ではない」「フェイクニュースだ」といって声高《こわだか》に批判するかもしれません。

ニュースはまずファクトを確認

つまり**100人の人がいれば、真実は100通りある**というのが現実であり、すべての人に共通する客観報道というものは存在しないのです。

投資に公開情報を利用する場合には、こうした特徴をよく理解したうえで、マスメディアの記事を利用しなければなりません。

いま、ここで取り上げた記事やコラムは、相応の客観性が担保されているものですが、なかには露骨《ろこつ》に取材先に取り入ったものや、特定読者に媚《こ》びたものなど、客観性とはほど遠い記事も散見されますから、注意が必要です。

記事を見たときには、まずはタイトルだけで判断しないことが重要です。記事のタイトルは、読者の注意をひくために誇張されるケースがあるからです。

記事の本文についても、先ほどから説明しているとおり、**ファクトと解釈の部分をしっかり切り分ける必要**があります。

ファクトについても、会社や役所が発表したものなのか、幹部の発言なのか、あるいは記者独自の取材や調査によるものなのかによって意味が異なります。

発表されたものであれば、その会社や役所のＷｅｂサイトに行けばオリジナルの情報がありますから、それをチェックしてから新聞を読んだほうが頭に入りやすいですし、間違いも少なくなるでしょう。

情報源が明らかでないファクトについては、複数の記事を比較することで、間違いではないことが確認できる可能性が高まります。**複数のメディアを横断的にチェックすることはとても重要なこと**です。

情報分析に好き嫌いを持ち込んではいけない

ファクトが理解できたら、次は解釈の部分です。

報道もビジネスですから、いろいろな方面から影響を受けてしまうものです。社会でおおよそのコンセンサスができている話であれば、基本的なファクトに加えて、そのコンセンサスに沿ったニュアンスの解説がおこなわれることがほとんどです。

しかし、社会ではまだコンセンサスが得られていない、あるいは、その解釈についてはっきり提示するのは時期尚早《しょうそう》であると記者が判断した場合には、あまり**解釈をはさまず、事実関係だけが列挙されるケース**もあります。

こうした記事は、無味乾燥な印象があるので、スルーしてしまうことも多いのですが、**じつは投資にとってきわめて重要**だったりします。

解釈の部分を読む際に注意する必要があるのは、自分自身の価値観や思い入れです。

人には感情というものがありますから、意図的ではなくても、自分が好む表現やキーワードなどを優先的に目に入れてしまう傾向があります。逆に自分が気に入らない話やキーワードは無意識的に避けてしまいます。

記事を読む際には、自分の価値観はまずは横に置いておき、その記事が展開している論旨を理解することが重要です。自分の意に沿わない記事があっても「ケシカラン」といって怒ってしまっては意味がありません。

投資家にとって大事なことは、事実をしっかりと見極め、それに基づいて将来のシナリオを立てることです。ここに**「怒り」や「こうあるべきだ」といった価値観は一切、必要ありません。**

世間一般ではバブルは「悪いこと」になっていますが、投資家にとってはよいものでも悪いものでもないのです。

バブルが発生するならそれを利用すればよいですし、すでに投資した後にバブル崩壊がやってくるなら、手じまいするだけです。

記事を見ることに慣れてくると、こうした部分に対するカンが働くようになってきますから、情報源としてさらに有効活用できるようになるでしょう。

チェックポイント

記事タイトルだけで判断しない

ファクトと解釈を切り分けて読む

会社選びはここを見る1「数字（財務）」

プロの投資家が銘柄を検討する際、必ず押さえておくべき項目は次の3つです。

「数字（財務）」
「市場（マーケット）」
「シナリオ」

この3つの項目は、すべて揃ってはじめて意味を持ちます。

どれかひとつでは、効果は3分の1どころか、それ以下になってしまう可能性が高いですから十分に注意してください。

投資でうまくいかない人は、どれかひとつの項目に偏っていたり、全体のバランスを欠いています。**3つの項目をつねにバランスよく意識できるようになれば、投資のスキルは飛躍的に向上**します。

では、それぞれの項目について、くわしく説明してみましょう。

数字でとらえるクセをつける

中長期的に株式投資に取り組むにあたって、基本となるのは数字（財務）です。**企業の経営状態について、まずは数字で考えるクセをつけることが重要**です。

数字や財務と聞くと尻込みしてしまう人も多いかもしれません。小むずかしい会計の本や数学を連想した人もいるでしょう。

ここでいうところの数字や財務というのは、いわゆるお勉強モノとは異なります。**物事を数字ベースで考えられるかどうか**という話です。

ひとつの例を挙げてみましょう。

日本を代表する企業であるトヨタ自動車の売上高はいくらでしょうか？

これを数字でいえるかどうかが、最初の関門となります。

筆者は何百何十円まで暗記しろといっているわけではありません。おおよそでよいので、数字の感覚をつかんでいることが大事なのです。

トヨタ自動車の2017年3月の売上高は約27兆円でした。

他社と比べてみる

27兆円という数字が大きいことはなんとなくわかると思いますが、それだけでは不十分です。**他の数字と比較することで、その数字が持つ意味がさらによく理解できる**ようになるからです。

では、トヨタの27兆円という数字を他社と比較してみましょう。

国内第2位の自動車メーカーである**日産の売上高は約12兆円**と、トヨタの半分以下です。2017年8月にトヨタとの資本提携を発表した**マツダの売上高は、わずか3兆円**しかありません。トヨタと比較すると、他の自動車メーカーの規模はいちじるしく小さいことがわかります。

しかし、この比較は自動車産業のなかだけの話です。

トヨタと他社の企業規模イメージ

※円の面積＝売上高

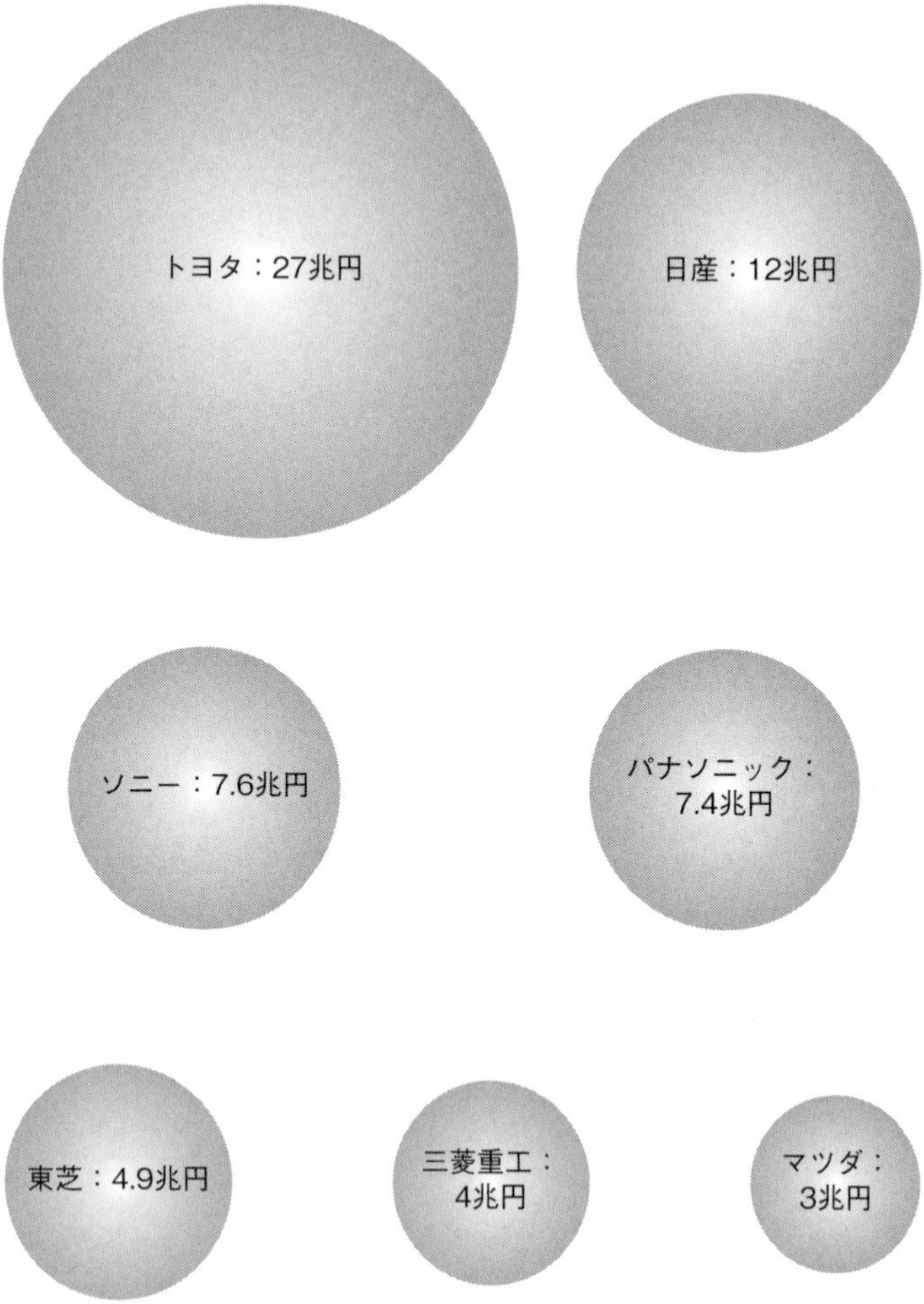

いま、筆者はマツダの売上高は「わずか」３兆円で、マツダの規模は「小さい」と書きました。しかし、他の業種と比較すると話はまったく変わってきます。

読者のみなさんの多くは、ソニーやパナソニックといった大手電機メーカーは、トヨタと同じような超巨大企業だとイメージしていると思います。しかし**パナソニックの売上高は7・4兆円、ソニーの売上高は7・6兆円**しかありません。

ロケットや護衛艦などを製造している**三菱重工の売上高は4兆円**、経営危機がささやかれる**東芝は約5兆円**となっています。

いずれも日本を代表する巨大企業ですが、トヨタと比較するとかなり規模の小さい会社であることがわかります。

逆にいえば、**自動車産業の規模が突出して大きい**ということがおわかりいただけると思います。

トヨタ1社だけで、これだけの規模がありますから、自動車産業に部品や素材などを供給する関連産業の規模も相当なものとなります。**日本の鉄鋼メーカーは、自動車メーカーがなければ売上高が大幅に減ってしまう**でしょう。

これはきわめて基本的な数字の感覚であり、投資の世界では一般常識といってよいものですが、こうした感覚を身につけていない個人投資家は意外と多いのです。

まずは5年分の業績推移をチェック

数字が頭に入っていると、会社の業績も的確に把握することができます。

会社の業績はつねに変動するものですが、規模の小さいベンチャー企業などをのぞけば、**今年好調だった企業が、次の年に突然失速するというケースはあまり多くありません。**業績が拡大するときも同様で、売上高と利益が年々増加してくるというパターンを描きます。

したがって、ある企業に興味を持ったときには、**売上高と利益が**過去3年間、**どのように推移してきたのかを見ることが大事**です。可能であれば3年ではなく、5年のほうが望ましいでしょう。

5年分の動きを見ることができれば、その企業がどのような経営状況なのか、確実に理解できるはずです。

たとえば、家電量販店最大手のヤマダ電機を見てみましょう。直近の売上高は約1兆6000億円でしたが、5年前には1兆8000億円の売上高がありました。つまり、**ヤマ**

ダ電機は毎年、売上高を減らしているのです。

ヤマダ電機は郊外の店舗が多く、高齢化や都市部への人の移動など人口動態の影響を受けやすい業態です。またアマゾンなどネット通販が台頭していますから、基本的にマーケットは縮小傾向となっています。

一方、ヤマダ電機の利益はそれほど変化していないところを見ると、**売上高の減少に対してコスト削減や利益率の向上でうまく対処した**ことがわかります。この情報があるだけでも、ヤマダ電機がどのような状態なのか、ある程度、客観的に把握することができるでしょう。

こうした基本情報があったうえでマスメディアの報道に接するのと、一切の知識がない状態で報道に接するのとでは、その理解度に大きな違いが出てくることは容易に想像できると思います。

当期利益より営業利益が大事

筆者は先ほど「利益」といいましたが、ひとくちに利益といっても、いろいろな種類があります。

もし**会社の状況を大雑把《おおざっぱ》に知りたいのであれば、**最終的な利益である「当期利益」ではなく、本業での利益を示す**「営業利益」をチェック**したほうがよいでしょう。

当期利益は資産の売却や減損など、特殊要因で大きく上下にブレることが少なくありません。一方の営業利益は最終的な利益とは異なりますが、その会社が、本業によっていくらの稼ぎを得たのかという話ですから、過去からの推移を見る場合には最適です。

仮に**当期利益がなんらかの理由で大きく落ち込んでいても、営業利益が順調に伸びているのであれば希望があります。**当期利益が落ち込んだ理由を探り、それが一時的なものであれば、よい買いチャンスということになるでしょう。

一方で、いくら当期利益が増えていても、本業での利益が伸び悩んでいる可能性もあります。経営が苦しいので本社ビルを売却し、その売却益を当期利益に計上して増益になったとアピールする企業をよく見かけますが、営業利益が悪化していては本末転倒です。

まずは、営業利益をチェックするクセをつけてください。

ライバル会社との比較で見えてくるもの

どれだけの利益を出すのが妥当かについては、業界によって異なります。

したがって、**ある会社の業績をチェックしたら、必ず、ライバル企業の業績と比較すること**が重要です。

ライバル企業の業績も同じように伸びているのであれば、その業界全体が好調ということになります。

どちらかの業績がいちじるしく悪い場合には、その会社に特有の原因があるはずですので、その理由を探ることができれば、さまざまなことがわかってくるでしょう。

一時的な要因で株価が下落しているのであれば、投資のチャンスかもしれませんが、構造的な問題であれば投資を避けるという判断も必要となります。

とにかく「**数字抜きに正しい投資判断はできない**」と考えてください。

チェックポイント

パナソニック、ソニーはトヨタの約1／3の規模

鉄鋼メーカーは自動車メーカーがなくなると大打撃

ヤマダ電機は毎年売上高を減らしている

会社選びはここを見る2「市場」

先ほど、ある会社の業績をチェックしたときには、必ずライバル企業の業績もチェックすべきだと書きました。

ライバルの業績と比較することで、その企業のことをさらによく理解できるというのが理由ですが、メリットはそれだけではありません。**ライバル企業をチェックすることで、業界全体の動向がより的確に把握できる**からです。

安定市場の定石はシェア上位企業

ひとくちに伸びる会社といっても、いろいろなパターンがあります。よくあるパターンは次の3つです。

①業界全体が伸びていて、投資対象となる会社の業績がさらに伸びているパターン
②業界としては低迷もしくは縮小しているものの、そのなかで特定の企業の業績だけが拡大するパターン
③市場の規模が一定レベルで推移し、拡大も縮小もしないパターン

もっとも理想的なのは①のパターンです。その業界全体が伸びていて、投資したい会社の業績がさらに拡大している。こうしたわかりやすい成長市場であれば、好業績が長くつづく可能性が高いですから、安心して投資に取り組むことができるでしょう。

②と③のパターンはどうでしょうか。**②はその企業の状況に左右されますので、企業ごとの検証が必要**となります。一方、**③のような安定市場では、高いシェアを持った少数企業による寡占《かせん》状態になりやすく、業績も安定的に推移することがほとんど**です。

たとえばビールを中心とした酒類の市場は、かつては典型的な安定市場とされてきました。最近では若い世代の人があまりお酒を飲まなくなり、国内の人口も減少していますから、徐々に縮小市場となりつつあります。

それでもここ10年くらいは、国内市場は横ばいで推移してきましたから、やはり安定市場に近かったといってよいでしょう。

かつてビール市場はキリンが6割以上のシェアを握るという状況で、キリン1社が圧倒的な影響力を持っていましたが、1987年にアサヒがスーパードライというヒット商品を出したことでシェアが急拡大。現在はトップの順位が入れ替わっています。

2000年以降のビール市場は、アサヒとキリンの2強が支配し、サッポロがシェアを落とし、サントリーがわずかにシェアを上げるという図式になっています。**上位2社の出荷数量は全体の数量の7割を超えています**から、まさに圧倒的な規模です。

こうした市場では、**普通に考えた場合、上位2社に投資をするのが定石《じょうせき》**となります。

実際、各社（サントリーは非上場なのでのぞく）の長期的な株価推移は、アサヒがもっとも好調で、次にキリン、そしてサッポロはいまひとつという結果でした。

シェア下位企業に投資するタイミング

では、このような市場において、サッポロに投資するという選択肢はないのでしょうか。

もちろんそんなことはありません。しかし、**市場のなかで低いシェアとなっている企業に投資をするためには、ある条件を満たすことが必要**となります。

それは**「経営方針の転換や新商品の投入」**です。

かつてのアサヒがそうでしたが、画期《かっき》的な新商品が出たときや、企業の経営方針が変わったときには、シェアが大きく入れ替わる可能性があります。このタイミングで投資を実行すれば、それがうまく花開いたときには、きわめて大きな利益を得ることができるでしょう。

逆にいうと、こうしたタイミング以外で、シェアの低い企業に投資をするのはあまり得策ではありません。

ビールのような市場は、まずはシェアの高いトップ企業に投資し、タイミングを見計らって下位の企業に投資するというのが正しい順番です。

基本的な市場分析をおろそかにしない

いま、説明した話はかなり基本的なレベルであり、これを読んだ読者のみなさんにとっても、特に驚くような話ではなかったと思います。しかし、**実際に投資をするにあたって、こうした基本的な市場分析をしている人は、じつは意外と少ない**のです。

それはなぜでしょうか。

じつはこうした基本的な情報分析というのは、意外と面倒な作業だからです。**市場全体がどのように推移し、各社のシェアがどう変わっていたのかということは基本的な情報**であり、人から話を聞くときには、当たり前の話題として聞き流してしまいます。

しかし、こうしたデータをまとめるのはじつは結構大変な作業です。いざ、自分がやろうとすると、面倒ですから、ついついサボってしまいがちです。

ここで、ちょっとした手を惜《お》しんだ人とそうでない人とのあいだには、きわめて大きな差がつくと思ってください。

ビール市場の今後はどうなるか

ビール市場は、今後も同じように安定的に推移するのでしょうか。どうもそうではなさそうです。

先ほど、国内の酒類市場はここ10年横ばいがつづいてきたと書きましたが、実態はだいぶ違っています。

たしかに出荷数量はなんとか横ばいに近い状態を維持してきたのですが、**ビールの割合が低下し、その一方でリキュールやその他醸造酒の比率が上昇**しています。リキュールやその他醸造酒の割合が上昇しているのは、いわゆる新ジャンルのビールがここに分類されるからです。

日本の労働者の実質賃金はマイナスがつづいており、消費者の購買力は年々貧弱になっています。**日本はここ10年でかなり貧しくなった**のです。しかし**日本の酒税は**豊かだった時代を前提にしたもので、**かなりの高率となっています。**

このため安いビールを提供するためには、発泡酒や新ジャンルなど、人によってはビールとは呼べない商品にシフトせざるを得ないのが現実です。しかし、ジャンルのシフトによる低価格はそろそろ限界となっていますし、今度は政府がビールの安値規制に乗り出してしまいました。

この状況がつづいた場合、**酒類の市場は今後、大幅に縮小する可能性が高いと見てよい**でしょう。市場の基本的な構造が大きく変わりつつあるのです。

このような業界に投資をするのは、少し慎重になったほうがよいでしょう。従来のようにトップ企業に投資をしていれば安泰というわけではないからです。

市場の構造が変わるときは投資のチャンス

しかし、こうした**市場の転換期はチャンスにもなります。**

これまでシェアの低かったメーカーが、市場構造の転換をきっかけに反転攻勢する可能性も出てくるからです。そうなった場合、投資の基準はこれまでとは、まったく違ったものになるでしょう。

ビールだけでなく、**じつは多くの業界が、こうした市場の構造転換期を迎えています。最大の要因は日本の人口減少です。**

これまで順調に拡大してきたコンビニ業界も、市場はそろそろ飽和状態となりつつあります。こうした飽和市場では、業界再編やシェアの逆転が起こりやすくなります。

実際、サークルKサンクスとファミリーマートは経営統合し、店舗数でトップのセブン-イレブンに肉薄しつつある状況です。

投資を検討する際には、**対象となる企業が属する市場を分析し、市場全体のおおまかな動きをつかむことが重要**となります。これができないと、投資においてもっとも重要なテーマである「シナリオ」を立てることがむずかしくなってしまうのです。

市場動向の分析は、投資の最終的な決め手となるシナリオづくりの基礎になると思ってください。

チェックポイント

基本的な市場分析をおろそかにしてはいけない
酒類市場は今後、大幅に縮小
コンビニ業界はこれから波乱含み

会社選びはここを見る3「シナリオ」

数字をしっかりと押さえ、市場の分析ができたら、最後はシナリオの作成です。ここをクリアすれば、晴れて投資を実行することができます。

すでに何度か指摘してきましたが、株式投資というのは、事業の将来に対して資金を投じるという行為です。時間軸は最終的には未来を向いていなければなりません。

現在、良好な財務状況であることや、市場で優良なポジションを持っていることはもちろん重要ですが、**もっとも大事なのは、将来、その企業がどのように事業を展開していくのかという部分です。**

最終的に投資の決断を下すのは、いまに対してではなく、将来のシナリオに対してです。

いまの経営状況から今後の展開を描く

企業が今後、どのように事業を展開できるのかは、当然のことながら、現在の経営状況に大きく左右されます。財務状態が健全であれば、思い切った投資ができますが、そうでない企業の場合には、まずはリストラクチャリング（事業の再構築）で財務状況を改善しなければなりません。

市場で圧倒的なポジションを持っている企業であれば、無理な事業展開は必要ありませんが、その市場自体が存続の危機ということであれば、悠長《ゆうちょう》なことはいっていられません。

本書で提示した3つの項目のうち、「数字」と「市場」は「シナリオ」を立案するための基礎情報と考えてください。**いま、その企業はどのような状態にあるのかしっかり把握し、それを前提に、今後の事業展開の絵を描く**わけです。

この作業は、企業の経営者がおこなっている仕事にかなり近いものとなります。

つまり、**企業に投資をすることは、その企業の経営者と同じ感覚を持つこと**にほかなりません。まさにこれが株式投資の醍醐味《だいごみ》であり、もっとも知的興味をそそられる部分なのです。

では、具体的にシナリオの立案について考察してみましょう。

建機ナンバーワン企業「コマツ」を分析

大手の建機メーカーのひとつにコマツという会社があります。コマツは優良企業として知られており、投資家にとっても比較的人気の高い銘柄です。

本書での手順どおり、まずは数字を確認してみましょう。

コマツの２０１７年３月期の売上高は１兆８０００億円、営業利益は１７４０億円でした。過去５年分の決算を調べてみると、売上高は１兆９０００億円から少し拡大し、ここ２年は売上高がわずかに減少しています。営業利益も売上高の減少にともなって減っている状況です。

コマツは建機の分野では国内ナンバーワンの企業ですが、２位となっているのは日立建機です。しかしながら、日立建機の売上高はわずか７５００億円で、２位とはいってもコマツの半分しかありません。営業利益は２８０億円で、売上高に対する営業利益の比率は約3％とコマツの半分以下です。

日立建機はコマツに比べるとあまり稼げていない企業であることがわかります。業績の推移を見るとコマツと同様、横ばいか減少傾向となっています。

これらのデータから、**コマツは国内市場では圧倒的なナンバーワンで稼ぐ力もありますが、市場全体はこのところあまり伸びていない**という現実がわかります。

じつは、建機というのは、きわめてグローバルな業界であり、各社とも海外販売比率が高いという特徴があります。このため、**建機の業績はグローバルな景気動向に大きく左右されます。**

ここ数年は米国の経済は堅調でしたが、中国をはじめとする新興国の景気は伸び悩んでいましたし、欧州もなかなか回復しませんでした。このためグローバルな建機市場も低迷していたのです。

コマツと日立建機の業績が伸び悩んでいたことには、このような背景があります。

グローバル企業は世界市場シェアで考える

いま、筆者は建機はグローバルな業界と書きました。もしそうであれば、**主戦場は海外ということになりますから、国内でシェア1位、2位という区分はじつはあまり意味をなさなくなります。**

グローバルな視点で建機市場を見ると、じつは見え方が大きく変わってきます。

世界の建機市場において圧倒的にナンバーワンなのは、コマツではなく米キャタピラーです。

キャタピラーの２０１６年12月期の売上高は４兆２０００億円と、コマツの２倍以上の規模がありました。グローバル視点で見た場合、断トツのナンバーワンはキャタピラーであり、それを追うのがコマツという図式になります。

日立建機はボルボなどと並んで3位グループを形成していますが、上位2社との距離はかなりありますから、世界市場での影響力は限定的です。

これを先ほど解説したビール業界にあてはめてみましょう。

アサヒとキリンに相当するのがキャタピラーとコマツで、日立建機はサッポロといったところになります。もっともアサヒとキリンは拮抗《きっこう》していますが、キャタピラーとコマツには大きな差がありますから、かつてのキリンがキャタピラーに相当すると見てよいでしょう。

コマツは日本基準で見ると圧倒的なナンバーワン企業なのですが、**世界基準では、よくいえばトップを果敢に追うナンバー2企業で、悪くいえば、万年2位に甘んじている企業**ということにもなります。

2つの投資シナリオを考える

財務や市場に関する基礎的な情報が手に入りましたから、いよいよ今後のシナリオづくりに入ります。

もう一度、コマツという会社の置かれている状況を整理してみましょう。

コマツは、国内では断トツナンバーワンの企業で、稼ぐ力もありますが、主戦場である世界市場を見ると、ナンバーワン企業であるキャタピラーとの差は大きいというのが現実です。

また、世界市場が主戦場なので、コマツの業績は国内経済よりも世界経済の影響をより大きく受けます。

そうなってくると、コマツには大きく分けて2つのシナリオが考えられます。

シナリオ①「リスクを取ってトップ企業であるキャタピラーに果敢に挑む」
シナリオ②「万年2位の座を維持し、これを崩さないようにする」

シナリオ①の場合、キャタピラーとの差は大きいですから、これを実現するためには、かなり思い切った戦略が必要となります。うまくいったときの成果は大きいと思われますが、当然、リスクも高くなるでしょう。

コマツが1位の座を狙う積極的な経営に乗り出したときは、投資家もまさに決断のときです。そのリスクに見合う果実を得られると判断するのであれば、思い切って投資をしてもよいでしょうし、投資をあきらめるという選択肢もあります。

会社が動くときは、結果がどうあれ、投資についても決断するときです。

そしてシナリオ②のケース。言い方は悪いですが、いまのところコマツは万年2位の戦略を維持しているように見えます。

この消極的なシナリオに乗るのであれば、考えるべきはむしろマクロ（世界）的な景気動向です。今後もしばらく世界的な好景気がつづくと考えるのであれば、コマツの業績はそれなりに拡大し、株価も上がってくるでしょう。

これは**企業の経営戦略ではなく、マクロ経済の動向に賭けるシナリオ**ということになります。

このように、同じ会社に対する投資でも、2つのシナリオは質的にまったく異なっています。これをどう判断するのかが、投資家の腕の見せどころになるでしょう。

チェックポイント

同じ会社でもどこを視点にするのかで見え方は変わる
コマツへの投資には2つのシナリオが考えられる

II

日本の10社の将来を評価する

トヨタ自動車――EV時代には不利な会社

トヨタ自動車は日本を代表する企業であり、その影響は広範囲におよんでいます。トヨタという会社がないと存続できない企業がたくさんありますから、まさに日本経済を支える大黒柱です。

日本の場合、大企業といってもグローバルに見るとそうでもないケースが多いのですが、トヨタは本当の意味でグローバルに通用する数少ない日本企業です。財務も完璧《かんぺき》で、文句のつけどころのない超一流企業といってよいでしょう。

しかし、**自動車産業はかつてない変化の時代を迎えており、トヨタにとってもまさに正《しょう》念場《ねんば》**となっています。このあたりをどう解釈するのかが、トヨタを評価する最大のポイントとなります。

トヨタの伸び悩みは一時的なもの？

第1章でも解説しましたが、トヨタ自動車の業績は圧倒的です。

２０１７年３月における売上高は約27兆６０００億円、営業利益は約２兆円でした。日本において27兆円もの売上高をたたき出す企業はトヨタ以外にありません。トヨタはまさに別格の企業ということになります。

過去５年の業績を見てみましょう。

２０１３年３月期の売上高は22兆円、２０１４年は25兆７０００億円、２０１５年は27兆２０００億円と順調に拡大してきました。

営業利益も、売上高の伸びに比例して伸びています。

２０１３年３月期は１兆３０００億円、２０１４年は２兆３０００億円、２０１５年は２兆７０００億円です。

ここ５年では２０１６年３月期が業績のピークとなっており、売上高は28兆円を超え、営業利益は２兆８０００億円を突破しました。

トヨタ自動車の業績推移

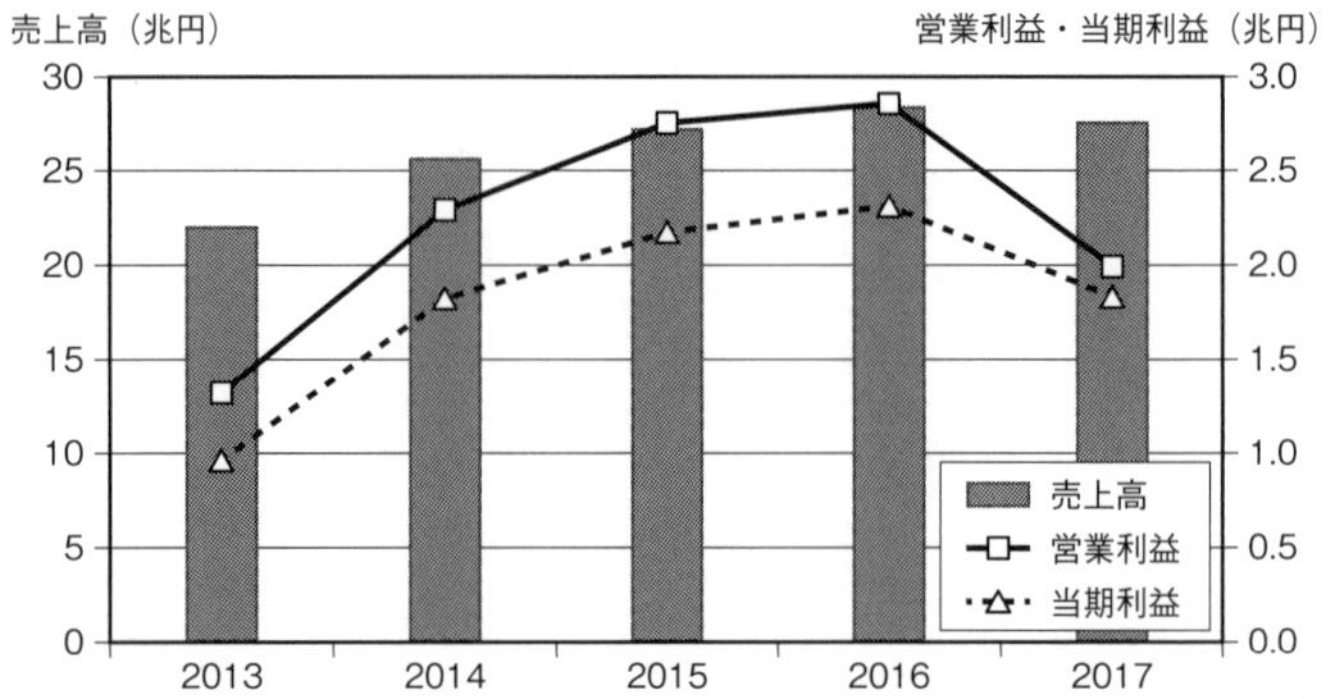

（百万円）

	2013	2014	2015	2016	2017
売上高	22,064,192	25,691,911	27,234,521	28,403,118	27,597,193
営業利益	1,320,888	2,292,112	2,750,564	2,853,971	1,994,372
当期利益	962,163	1,823,119	2,173,338	2,312,694	1,831,109

ところが２０１７年３月期は、売上高がマイナスとなり、営業利益も２兆円と、大きく下がっています。

基本的に企業の数字を見るときには、単年の数字よりも、業績のトレンド（傾向）が重要となります。その意味で、**トヨタはしばらくのあいだ増収増益で堅調でしたが、２０１７年の決算で踊り場に差しかかった**ことがわかります。

この決算が日本経済全体の影響を受けてのことであれば、トヨタ特有の問題にはなりません。リーマンショックはその最たるものですが、経済全体の問題であれば、ほぼすべての企業が減収・減益となってしまうからです。

しかしここ1年、日本経済に特段の変化があったわけではありませんし、世界経済も比較的堅調に推移していますから、トヨタの減収・減益はトヨタ特有の問題である可能性も出てきます。

これが一時的なものなのか、ここから本格的に業績が伸び悩むのかによって、トヨタの評価はまるで違ったものになるでしょう。とりあえず数字を見た限りでは、**トヨタはひとつの転換点に差しかかっている可能性**が考えられるわけです。

世界市場は上位4社で寡占

現在の自動車市場はどのような状況になっているのでしょうか。

世界の自動車販売は好調な米国経済に支えられ、これまで順調に推移してきました。しかし、各国の自動車メーカーが、こぞって経済が好調な米国で販売台数を伸ばそうとしたことから、米国では新車需要をかなり先取りしてしまったともいわれています。

自動車業界の関係者のなかからは、**北米の自動車市場はそろそろ頭打ちになる**との予測も出てきています。

市場の伸びが鈍化してしまうと、メーカー間の競争はより激しくなります。パイが大きくなっていれば、シェアは変わらなくても各社の業績は増収となりますが、パイが限定的である場合、シェア争いをしなければ増収は維持できません。

実際、自動車業界は大手4社による寡占《かせん》化の傾向が鮮明になっています。

2016年の世界新車販売台数は、1位が独フォルクスワーゲン（VW）で1031万台、2位がトヨタで1017万台、3位はゼネラルモーターズ（GM）で1000万台、4位は仏ルノー・日産連合で996万台でした。

5位は韓国現代、6位は米フォードとなっていますが、上位4社とは少し開きがあります。2017年は、ルノー・日産連合の傘下《さんか》に入った三菱自動車の生産がかなり回復しているので、上位4社への集中化はさらに進む可能性が高いでしょう。

グローバルに見た場合、自動車産業はVW、トヨタ、GM、ルノー・日産連合の上位4社を中心に回っていると解釈することが可能です。

日本では大手自動車メーカーに分類されるホンダも、グローバルに見ると上位メーカーには入りません。2016年における日本国内の自動車販売台数はわずか500万台と、米国の3分の1、中国の5分の1しかなく、しかも販売台数は年々減少しています。**日本の自動車メーカーであっても、**国内市場でのシェア争いは業績にほとんど影響しなくなっており、**全世界に何台売ったのかで業績が決まります。**

トヨタは2016年こそトップの座をVWに奪われましたが、しばらくのあいだ、世界販売台数トップでしたから、業界での競争力という点では問題ありません。

中堅メーカーを傘下に入れてシェア拡大中

自動車業界が寡占化すると、**上位メーカーが最初に考えるのはM&A（合併・買収）や提携などによるシェアの拡大**でしょう。実際、トヨタは猛烈な勢いで中堅以下のメーカーを傘下におさめています。

すでにダイハツはトヨタの完全子会社ですし、スバル（旧富士重工）もトヨタのグループに入っています。2017年2月にはスズキと業務提携を結び、8月にはマツダと資本提携をおこないました。

スズキとの業務提携は、業界では「遺言提携」などと呼ばれており、スズキの創業家がトヨタに生き残りを託したともいわれますから、最終的にスズキがトヨタの傘下に入る可能性はかなり高いでしょう。マツダも基本的には同じ図式となります。

トヨタは、ホンダをのぞく、日本の中堅以下のメーカーを次々と傘下に入れていますから、とりあえずシェアを拡大する方策を打っていることになります。このままシェアをズルズルと落としていく可能性は低そうです。

またトヨタは2018年3月期の業績見通しを上方修正しましたから、販売が急激に落ち込んでいるわけではなさそうです。そうなってくると2017年3月期の減収減益は一時的なものである可能性も高くなってきます。

ここまでの分析結果で判断するなら、ここは急いで答えを出すことはせず、とりあえず様子を見たほうがよいということになるわけですが、自動車業界にはまた別の動きがあり、必ずしもそうとはいえなくなっているのが実情です。

その動きとは、**全世界的な電気自動車（EV）へのシフト**です。

欧州が政治主導するEVシフト

これまで、エコカーシフトというものは「いつかはやってくるが、まだ先のことである」との認識が一般的でした。また、どのような種類のエコカーにシフトするのかという部分についても見解が分かれていました。

エコカーと呼ばれるものには以下の3種類があります。

・電気自動車（ＥＶ）＝動力はモーター。バッテリーで駆動させる
・燃料電池車（ＦＣＶ）＝動力はモーター。水素の化学反応で電力を得る
・ハイブリッド車＝エンジンとモーターとの組み合わせ。外部充電可能なＰＨＶ（プラグインハイブリッド）もある

トヨタはこれまで、ＦＣＶを次世代のエコカーにおける主力と位置づけ、関連技術の開発をおこなってきました。すでにＦＣＶに関連して、１兆円の開発費を投じているともいわれます。

一方、米国勢や欧州勢の一部は、ＦＣＶではなくＥＶが主力になると見て、ＥＶ関連の投資を積極的に実施してきました。

当初は、どの技術が主流になるのか混沌《こんとん》としていましたが、ここ1～2年のあいだに状況が大きく変わりました。**各国政府がEV普及に向けて舵《かじ》を切りはじめた**からです。

２０１７年７月、総選挙で政権交代を実現したばかりの仏マクロン政権が、２０４０年までにガソリン車の販売を禁止する方針を打ち出しました。つづいて英国も、石油を燃料とするガソリン車とディーゼル車の２０４０年以降の販売を禁止する方針を明らかにしました。

欧州のこうした動きは、かなり政治的なものといえます。

マクロン政権におけるガソリン車の廃止プランは、ユロ・エコロジー相が主導しているのですが、ユロ氏は、フランスでは著名な環境運動家として知られており、シラク政権やオランド政権など、保守・リベラルを問わず、入閣を打診されつづけてきた人物です。

マクロン氏は無所属で大統領になったきわめて珍しい政治家であり、これまで確固たる政治基盤を持っていませんでした。しかし、大統領選直後におこなわれた国民議会選挙では、マクロン氏が立ち上げた新党「共和国前進」が7割近い議席を獲得。社会党や共和党などの既存政党は事実上、瓦解《がかい》した状態にあります。

マクロン氏には、今回のブームを一時的なもので終わらせず、選挙での勢いを維持したいという政治的な意図があります。ユロ氏の入閣はマクロン政権の目玉人事のひとつといわれており、政権としてもこの政策にはかなり力を入れています。

米国のトランプ大統領が地球温暖化対策の枠組みである「パリ協定」からの離脱を表明したことも大きく影響しているでしょう。米国が枠組みから離脱してしまったことで、**地球温暖化対策の主導権が欧州に移ることはほぼ確実**な情勢です。

英国やフランスはこうした状況を最大限活用したいとの考えから、エコカーシフトを戦略的に決断しているわけです。

燃料電池車ではなくＥＶ量産化へ

一連のエコカーシフトは政治色が強く、流動的な側面があることは否定できません。しかし、政治の力をあなどるべきではありません。**ひとたび政治的な流れが出来上がると、それを押しとどめることは容易ではない**からです。

メーカー側も続々とこの動きに対応しています。

スウェーデンのボルボ・カー社は２０１９年以降、すべての車種をＥＶやハイブリッドにすると発表したほか、ドイツのBMWも全モデルにEVもしくはハイブリッドを投入する方針を明らかにしました。

世界最大の新車販売市場となっている中国も、EVシフトを鮮明にしていますし、米国ではEVメーカーであるテスラが大躍進しています。

ここで重要なのは、同じエコカーへのシフトといっても、**FCVへのシフトではなく、EVへのシフトである**という点です。米国や欧州、中国の政府あるいはメーカーの多くは、すでにEVを次世代の主力と位置づけており、FCVに重点を置いているのはもはやトヨタだけとなってしまいました。

トヨタはEVについてあまり積極的ではありませんでしたが、一連の状況を受け方針を転換。社内にEV専門の開発部門を立ち上げ、2020年としていたEVの量産を2019年に前倒しししています。

トヨタが本気を出せばEVを量産すること自体はそれほどむずかしいことではないでしょう。

しかし、FCVではなく**EVへのシフトが進んだ場合、トヨタにとってはきわめて強い逆風**となります。

ＥＶ時代には日産が有利になる？

その理由は**ＥＶになってしまうと、自動車業界の産業構造が根本的に変わってしまう可能性が高く、既存の経営資源が役に立たなくなる**からです。

ＥＶはモーターとバッテリーが基幹部品ですが、従来の内燃機関と比較した場合、技術的な難易度が大きく低下します。

特に日本メーカーが得意としてきた生産技術の面では、参入障壁がほとんどなくなってしまうため、乱暴にいってしまえば、誰でも自動車メーカーになることができます。

つまり、**クルマという商品がコモディティ化する**可能性がきわめて高くなるわけです。自動車メーカーにとって、高い技術を持つ部品メーカーは経営資源そのものであり、自らのグループ内に囲い込むのが常識でした。

トヨタはグループに、アイシン精機、曙《あけぼの》ブレーキ工業、デンソーなど技術力の高い部品メーカーを多数抱えています。デンソーのようにトヨタグループとしては独立性の高い企業もありますが、基本的にトヨタは、部品から最終製品まで自社グループ内で製造する、いわゆる垂直統合モデルの色彩が濃くなっています。

しかし、ＥＶが主流になってしまうと、完成車メーカーと部品メーカーで構築してきたバリューチェーンが一気に崩壊する可能性が出てきます。

すべてを自前でカバーする強固なグループ戦略がトヨタの競争力の源泉でしたが、トヨタの強みが逆に弱点に変わってしまう可能性も否定できないのです。


トヨタと好対照なのが日産です。

日産は親会社であるルノーのグローバル戦略のもと、基本戦略を大きく転換。全社をあげてＥＶシフトを進めています。三菱自動車を救済したのも、市場の寡占化に備えてシェアを高めることに加え、三菱が持つＥＶの技術を獲得するという狙いがありました。

同時に日産は、傘下の部品メーカーであるカルソニックカンセイをあっさりとファンドに売却してしまいました。

一連の動きは、日産がＥＶシフトを戦略的に進めていることを示しています。

日産は三菱の生産が回復したことから、２０１７年上期における生産台数で世界トップとなりました。あくまで、現在進んでいるＥＶシフトが進めばという条件つきですが、**今**

後、日産が圧倒的に有利な立場になる可能性も否定できなくなってきたのです。

ＥＶシフトと自動運転の行方次第

これに加えて、ＥＶは数年後に実用化される見込みの自動運転技術と親和性が高いという特徴があります。グーグルなどＩＴ事業者が積極的にＥＶを開発していることからもそれをうかがい知ることができます。

自動運転が普及すれば、自分で運転する必要がありませんから、クルマを所有するのではなく、シェアリングエコノミーなどの技術を使い、必要なときだけ利用するという形態が増えてくる可能性が高まります。

場合によっては、**自動車産業が製造業ではなくサービス産業に変貌《へんぼう》してしまう可能性も**否定できません。

このような状況ですから、プロの市場関係者の多くは、自動車メーカーの目先の業績についてほとんど関心を寄せていません。**ＥＶシフトと自動運転の行方がどうなるのかが目下《もっか》、最大の関心事**です。

当然のことながら、トヨタへの投資を検討する場合にも、この部分をどう評価するのかがポイントにならざるを得ません。

もし、ＥＶシフトがホンモノだった場合、トヨタの株価は、これまでのような上昇は期待できないかもしれません。トヨタは経営体力のある企業ですから、それなりの対応が可能と思われますが、トップメーカーとして君臨できるのかは微妙なところです。

一方、大方の予想に反してＥＶシフトが進まなかった場合、トヨタは相対的に有利な立場となり、従来と同様、超優良な投資先でありつづけるでしょう。

極論をいえば、**今後のトヨタへの投資は、ＥＶ化が進むのか、進まないのかのどちらかに賭けるシンプルなゲーム**と考えてよさそうです。

トヨタ自動車の将来評価

数字（財務）
現在の財務状況は完璧で文句なし
2016年までは順調に成長していた
2017年は業績が踊り場に差しかかっている
市場（マーケット）
自動車市場は上位4社への寡占化が進行中
トヨタは全世界2位なのでポジションは良好
一方で自動車産業は最大の変革期を迎えつつある
EVシフトという点でトヨタは出遅れている
シナリオ
EVシフトがあまり進まない場合はトヨタ有利
EVシフトが一気に進むとトヨタの強みは弱点に
トヨタへの投資はEVシフトをどう見るかで大きく変わってくる

三菱重工業——目玉事業のMRJをやめられるか

三菱重工業は日本のモノづくりを象徴する伝統ある企業です。三菱財閥創業者の岩崎弥太郎《いわさきやたろう》が、1884年、明治政府から長崎造船局を借り受け、造船事業をはじめたことをその起源としています。

三菱の造船事業は、のちに三菱造船となり、現在の三菱重工へと発展しました。三菱グループ企業のなかでも重要な位置を占めているといってよいでしょう。

また三菱重工は、「国家とともに歩む」ことを社是《しゃぜ》としてきた企業であり、戦時中はゼロ戦（零《れい》式艦上戦闘機）や戦艦武蔵《むさし》（大和《やまと》型2番艦）を製造していました。

現在でも護衛艦など防衛関係の受注が多数あるほか、宇宙ロケットの開発など、国家プロジェクトの多くに関わっています。

しかし、このところ三菱重工は、多くの案件でトラブルを抱えており、順風満帆《まんぱん》とはいえません。市場の一部からは**技術力低下を危惧《きぐ》する声も聞こえてくる状況**ですが、三菱重工への投資を考えた場合、このあたりが最大の評価ポイントということになりそうです。

ＭＲＪ、５回もの納入延期

三菱重工は現在、総力をあげて国産初の小型ジェット旅客機ＭＲＪの開発を進めています。よく知られているように、日本は太平洋戦争の敗北によって、しばらくのあいだ、航空機の開発・製造が禁止されていました。

１９６０年代に入り、政府主導で国産旅客機ＹＳ‐11の開発がおこなわれ、約１８０機が生産されました。しかしながら、ＹＳ‐11はビジネスとしてはうまくいかず、その後も、日本の航空機産業は停滞したままという状況がつづいてきました。

こうした現状を打破し、日本の航空機産業を復活させようというのがＭＲＪのプロジェクトであり、政府も全面的に支援をおこなっています。

ところが、ＭＲＪの開発は思いのほか難航。これまでに5回も納入を延期し、開発を担当する子会社の三菱航空機は債務超過におちいりました。

三菱重工は航空機だけでなく、祖業である造船でもつまずいています。

２０１１年に米国のクルーズ会社であるカーニバル社から総トン数が12万トンを超える**大型客船２隻を受注しましたが、**カーニバル側が求める内装をつくれず、**工事をやり直すという事態が頻発《ひんぱつ》**。受注金額をはるかに上回るコストが発生し、特別損失を出しつづけました。

造船事業で２５００億円以上の損失

では、三菱重工の業績をチェックしてみましょう。

２０１７年３月期決算は、売上高が前年比３・３％減の３兆９１４０億円、営業利益が前年比51・４％減の１５０５億円と低迷しています。

純利益は前年比37・４％増の８７７億円でしたが、ここには不動産の売却益などが含まれていますから、同社の経営の実態を表わしてはいません。

企業の業績をチェックする際には、当期利益ではなく営業利益を重視すべきだと述べましたが、今回の三菱重工の決算はまさにこの典型的なケースです。**当期利益だけを見てい**

三菱重工業の業績推移

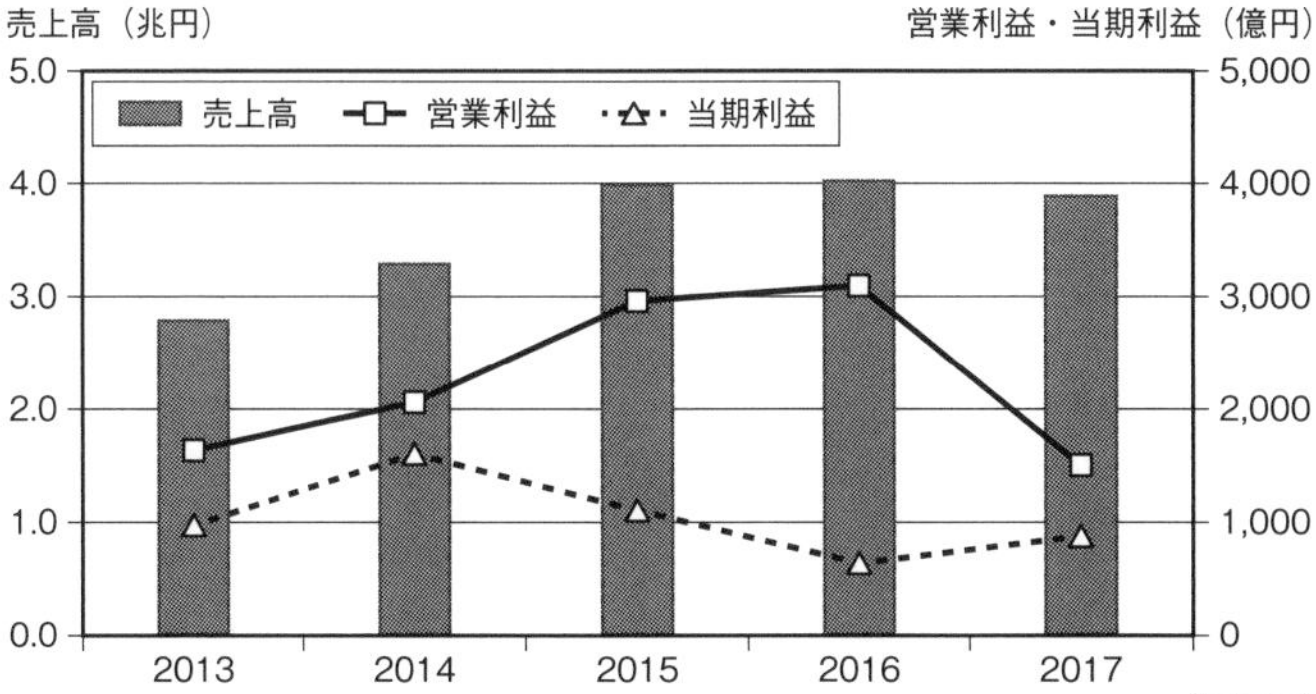

（百万円）

	2013	2014	2015	2016	2017
売上高	2,817,893	3,349,598	3,992,110	4,046,810	3,914,018
営業利益	163,520	206,118	296,140	309,506	150,543
当期利益	97,330	160,428	110,412	63,834	87,720

ては、会社の状況はわかりにくいのです。

過去の推移はどうでしょうか。

２０１３年３月期の売上高は約２兆８０００億円、営業利益は１６３５億円でした。その後、しばらく増収がつづき、２０１６年３月期には売上高が４兆円に到達しています。

しかし、増収だからといって安心してよいわけではありません。増収にともなって利益も増加することが重要だからです。**売上高が伸びれば、利益はそれ以上に伸びるのが一般的**です。

三菱重工も増収にともなって営業

利益も増えているのですが、それほど大きい伸びではありません。

２０１６年３月期の営業利益は３０９５億円でしたが、２０１３年との比較で売上高が１・４倍になっていることを考えると、もう少し利益が伸びてもよさそうです。しかも２０１７年３月期にいたっては、売上高がわずかに減少し、利益は半減という状況です。

これは背後に何かあると考えたほうが自然でしょう。

売上高の伸びに比して利益があまり拡大しなかったのは、先ほどの客船事業の損失など、収益の足を引っ張る要因があったからです。

客船事業については、累計で２５００億円以上の損失となったほか、ＭＲＪについても納入が何度も延期になっていますから、開発費用はそのまま損失となってしまいました。客船事業の損失については、２０１７年３月期の決算でようやくメドがついたという状況です。

それでは、航空機や造船の市場環境はどうなっているのでしょうか。

航空機の開発には非常に高度な技術が必要と思われていますし、見た目も派手ですから、航空機は儲かるというイメージを多くの人が抱いているかもしれません。

しかしながら、現実はまったく逆です。**近年の航空機産業は、あまり儲からないビジネ**

スの典型になっているのです。

ライバル機投入でMRJに黄信号

その理由は、他の業界と同様、コモディティ化による付加価値低下の波が押し寄せ、最終製品をつくるメーカーが利益を上げにくい体質に変わってしまったからです。

ＭＲＪは、三菱重工が設計と製造を手がけていることから、日の丸ジェットと呼ばれています。しかしＭＲＪの中身をよく見ると、**本当に日の丸ジェットと呼んでいいのか微妙**なところです。

ＭＲＪには１００万点以上の部品が用いられているのですが、じつは、その多くが日本製ではなく外国製です。部品の多くを外国に頼らざるを得ないのは日本の技術力が低いからではありません。飛行機そのものに対する付加価値が低下しており、低コストで製造することが当たり前になっているからです。

これは三菱に限った話ではないのですが、現代の航空機産業では、メガサプライヤーと呼ばれる大手の部品メーカーが、航空機の各ユニットを半完成品の状態までつくり上げ、完成機メーカーは最終組み立てだけをおこなうという方式が主流となっています。

完成機メーカーは、メガサプライヤーが提供するユニットを選択するだけですから、独自の部品を使用する割合は低くなります。

つまり、いまの時代は、どのメーカーが航空機をつくっても中身はほとんど同じであり、確保できる利益も限定的になります。極論すれば、標準化されたパーツをプラモデルのように組み立てるだけであり、パソコンメーカーに近い産業構造となりつつあるのです。

航空機を製造するために特別に高い技術は必要とされなくなり、誰でも航空機ビジネスに参入できるようになったのですが、**なぜ技術力のある三菱重工が、納入を5回も延期するなど、多くのトラブルに見舞われているのでしょうか。**

その理由は、役所の手続きです。

航空機はパソコンと同様、誰でも製造できるようになりましたが、パソコン業界とは大きな違いがあります。それは各国政府、特に米国政府による規制です。

いくら製造が簡単になったとはいえ、航空機には人命がかかっていますから、実際に就航するためには各国政府が定める基準をパスする必要があります。航空機ビジネスの世界では米国が圧倒的な地位を占めていますから、米国の航空当局の型式証明がすべての審査の基準となっています。

ここをパスしなければ、市場で航空機を販売することは事実上、不可能です。役所の手続きというのは、どこも煩雑《はんざつ》であり、米国も例外ではありません。部品の設定方法が基準と少し違うだけで、通るモノも通らなくなってしまうのですが、三菱重工は、この部分で大きくつまずいているのです。

米国の基準をパスするため設計変更が相次ぎ、スケジュールが大幅に遅延。あわてた三菱重工は手続きに慣れた米国人社員を大量採用しましたが、遅れを挽回するのはそう簡単なことではありません。

困ったことに、これ以上、スケジュールが遅延すると、ＭＲＪの最大のライバルである**ブラジルのエンブラエルが最新鋭機を投入**してきますから、ＭＲＪの優位性が失われてしまいます。仮に受注できたとしても、**かなりの安値販売を強いられる可能性が高い**でしょう。技術的な問題を解消することと、ビジネスで成功することはまったくの別問題です。

造船事業は中小型客船に特化し、大幅に縮小

造船も同じような状況にあります。三菱重工はこれまで多数の船を建造してきましたから、造船に関する相応のノウハウの蓄積があります。

しかし、船の種類によっては、各国に固有の伝統文化というものがあり、異なる文化圏から新規参入する事業者にとってはハードルが高いケースがあります。大型客船はまさにその典型といってよいでしょう。

三菱は**利益率が高い超大型客船に目をつけ、最近になってこの分野に参入**したのですが、大型客船によるクルージングというのは、欧米人にとっては昔からつづく伝統文化のひとつです。船の内装ひとつとっても、日本とはまるで異なります。

極論をいえば、日本の温泉旅館の建設を、温泉旅館をよく知らない外国企業が受注したようなものですから、発注者が求める内装をなかなかつくれないというのもうなずける話です。

しかも三菱は、Ｗｉ－Ｆｉ《ワイファイ》など最新のネット接続環境を想定していないなど、考えられ

ないようなミスもしています。

造船部門での巨額損失を受けて、三菱重工は２０１６年10月、造船事業の抜本的な見直しを決断。**10万トン以上の大型客船からは完全に撤退し、内装工事が簡便な中小型客船に特化することに**なりました。

ＬＮＧ（液化天然ガス）運搬船など商船についても、専業メーカーである今治《いまばり》造船と提携し、単独での建造を減らします。結果的に、三菱重工の**造船事業は大幅に縮小**する形となりました。

普通のメーカーになれば経営安定

三菱重工には、今後、どのようなシナリオが考えられるのでしょうか。

造船については、事業縮小に一定のメドが立ちましたので、今後、大きく業績の足を引っ張る可能性は低くなってきました。問題はＭＲＪのほうでしょう。

三菱重工が手元に保有する現金は２５００億円程度とあまり多くはありません。また２０１７年３月期の決算では、主力のエネルギー・環境部門をはじめ、防衛・宇宙部門、交通・輸送部門で売上高が減少。それにともなって**部門利益も大幅に低下**しました。

その結果、**営業キャッシュフローは前期の2700億円から960億円と約3分の1にまで減少**しています。このまま収益が改善しなければ、事業からのキャッシュフローで継続的にＭＲＪの開発費をカバーすることはむずかしくなります。

そうなってくると、ＭＲＪの開発を継続するためには、なんらかのファイナンスが必要との判断にならざるを得ません。三菱重工の自己資本は2兆円ほどありますから、財務的な余裕は十分ですが、今後はＭＲＪの行く末が全社的な財務状況を左右することになってしまいます。

メンツを最優先し、損失を覚悟してもＭＲＪのプロジェクトを進めていくのか、どこかのタイミングで事業の縮小を検討するのか、というところが市場における最大の関心事ということになるでしょう。

もし三菱重工がＭＲＪに対して妥協《だきょう》すれば、事業を好転させることはそれほどむずかしいことではありません。

大型客船やジェット旅客機、宇宙ロケットは見た目が派手なので、三菱重工の企業イメージに大きく貢献していることは間違いないでしょう。しかし、収益を支えているのは、これらの派手な事業ではなく、工作機器や業務用エアコンといった機械・設備システム部門であり、この部門の業績は比較的堅調に推移しているのです。

機械・設備システム部門は全社売上高の約37％を占め、火力タービンなどと並ぶ三菱重工の主力事業となっています。機械・設備システム部門と比較すると、防衛・宇宙部門は3分の1程度の規模しかありません。

２０１７年3月期における機械・設備システムの部門利益は７２５億円と、前年とほぼ同水準で落ち着きました。赤字に転落した交通・輸送システムや、利益が3分の2に低下したエネルギー・環境部門と比較すると安定ぶりが際立ちます。

ＭＲＪについては規模を縮小したうえで事業の再構築を進め、エネルギー部門を再編、機械・設備部門を主力事業に据《す》えれば、じつは三菱重工の経営はかなり安定します。

経営に対する懸念《けねん》がなくなれば、現在、製造業の世界で急速に進む、ＩｏＴ（モノのインターネット）への対応にも注力できるようになるでしょう。

三菱重工は国家とともに歩むことを社是としてきたプライドの高い企業だけに、こうした事業再編に関する意思決定は遅くなりがちです。しかし、「普通のメーカー」になる決断をすれば、経営はとても軽くなるのです。

三菱重工業の将来評価

数字（財務）
歴史のある名門企業だが、最近は業績が低迷
造船と航空機という目玉事業で損失が相次ぐ
売上高の伸びに比して利益がついていかない状況
市場（マーケット）
航空機ビジネスはすでにコモディティ化
水平分業化で航空機は儲からない商材に
客船事業は地域特性が強く、日本企業には不利
シナリオ
客船事業についてはリストラのメドが立った
MRJの事業を見直せば業績回復は容易
普通のメーカーになる決断ができるかがポイント

東芝——投機案件としての可能性しかない

名門企業といわれた東芝が経営危機におちいったという現実は、日本の企業社会に大きな衝撃を与えました。

２０１７年３月期の決算にいたっては、監査法人から適正意見を得られず、何度も決算発表を延期。さらには適正意見をつけずに決算発表を強行するという、前代未聞《みもん》の事態となりました（その後、監査法人は限定つきで適正意見を提出）。

本来、決められた時期に監査を受けた決算を発表することは、上場企業としては必要最低限の義務です。これを実施できないようでは、上場している資格はありません。

東芝は上場企業としては、超えてはいけない一線を越えたといってよいでしょう。

また東芝は２０１７年３月期から実質的に大幅な債務超過の状態にありますが、この状態で経営が維持されることは通常、あり得ません。どんなに名門企業であっても、ダメになった企業に対しては、しっかりとした処置をするのが市場のルールであり、それができるかどうかが市場の健全性の分かれ目となります。

その点において、**東芝の不正会計と恣意《しい》的な延命措置は、日本市場に対する信頼をいちじるしく損《そこ》ねた**といわざるを得ません。目先の利益を優先した対応は、中長期的には、日本全体にとってきわめて深刻な影響をもたらす可能性があります。

こうしたやり方を選択したのは日本人自身ですから、このツケは、いつの日か、わたしたち自身で支払わなければなりません。

米国の原子力事業の利益を操作

東芝は２０１５年に、会計処理上の問題が表面化し、社内に特別調査委員会が設置されました。同委員会が調査したところによると、不適切な会計処理をおこなっていたのは、電力システム、社会インフラシステム、コミュニティ・ソリューションの3部門で、原価総額を過少に見積もり、利益を一時的に増やしていました。これによって、同社の営業利益は累積で５００億円ほど修正されています。

しかし、この話は単なる会計処理の話では終わりませんでした。**東芝の屋台骨である米国の原子力事業の業績そのものに対する疑念に発展した**のです。

東芝は重電メーカーですから、発電所など大規模なインフラ案件を多数受注しています。こうした大規模案件は完成まで数年かかることもザラですから、どの時点でどのように損益を計上するのかという基準がきわめて重要となってきます。

たとえば3年後に完成するプロジェクトがあった場合、すべての作業が完了した段階で売り上げと利益を計上すれば、損益を100％確定することができます。しかし、こうしたやり方では、完成までの3年間は、決算書上にこのプロジェクトの結果が反映されないことになり、経営実態と決算書の数値が乖離《かいり》してしまいます。

こうした案件を抱えている会社は、プロジェクトの進捗《しんちょく》状況に合わせて、売上高や経費を暫定《ざんてい》的に計上し、最後に損益の帳尻が合うよう調整をしていきます。

この方法自体はきわめて合理的なものですが、場合によっては利益を自由に操作することができてしまいます。

東芝の場合、**プロジェクトの会計を広範囲にわたって恣意的に操作**していることが明らかとなり、同社の決算に対する信頼は失墜してしまいました。

最終的に市場がもっとも懸念したのは、米国の原子力事業の収益が本当なのかという点です。結果的に**原子力事業は実際には所定の収益を上げていないことが明らかとなり、巨額の減損が発生**する事態となりましたが、これによって東芝は一気に存続の危機に立たされたわけです。

累計1兆5000億円の巨額損失

東芝の業績推移を見てみましょう。同社の決算は、１００％正しいものなのか完璧《かんぺき》な保証があるわけではありません。数字を鵜呑《うの》みにはできませんが、とりあえず公表されている数字をベースに分析をおこないます。

仮に、一部、虚偽の数字があったとしても、おおよその傾向はつかめるからです。

同社の２０１７年３月期の業績は約４兆９０００億円、営業利益は２７００億円となっています。存続の瀬戸際にあるにもかかわらず、同社はしっかりと利益を出しているように見えます。

本書では、当期利益だけを見ていては経営の実態はわからないと説明してきました。状

東芝の業績推移

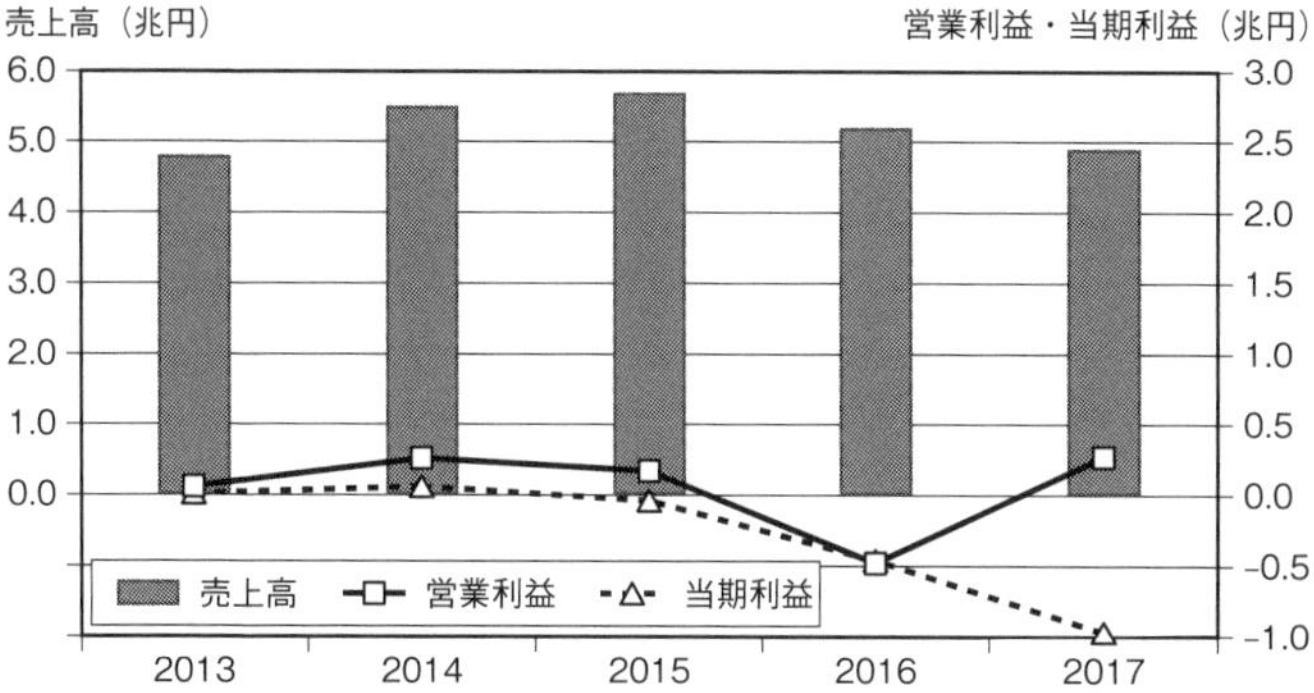

（百万円）

	2013	2014	2015	2016	2017
売上高	4,786,059	5,527,449	5,699,055	5,154,838	4,870,773
営業利益	60,022	261,362	166,207	−483,010	270,788
当期利益	13,425	60,240	−37,825	−460,013	−965,663

況をより適切に把握するためには営業利益についてくわしくチェックすることが重要です。しかし**東芝については**例外で、**営業利益よりも当期利益のほうが重要**です。

　なぜなら東芝の問題というのは、巨費を投じて買収した米国の原子力事業がじつは無価値なのではないかという疑念が発端《ほったん》となっており、実際、米国の原子力事業は、当初見積もった価値はなく、巨額の損失計上に追い込まれました。この**巨額損失は営業損益ではなく、最終損益に反映されますから、この場合には当期利益を見たほうが状況を把握しやす**

いのです。

同社は２０１７年３月期に当期損失として約９６００億円を、２０１６年３月期には約４６００億円を、２０１５年３月期には３８０億円を計上しており、累積の損失は約１兆５０００億円となっています。これによって東芝の自己資本はすべて吹き飛び、約２８００億円の債務超過に転落しました。

このままでは、負債が資産を上回りますから、なんらかの財務的な手当をしないと東芝は倒産してしまいます。

巨額損失の元凶《げんきょう》となったのは、総額８０００億円（当時のレート）で買収した米国の原子力企業ウェスチングハウス（ＷＨ）社関連の「のれん代」でした。のれん代とは、その会社が実際に持っている資産価値と、買収した価格の差分のことを指します。

巨額ののれん代が発生した理由は、単純にいってしまえば、**買収価格が適正価格と比較して高すぎた**からです。

こうした無理な買収が、企業の財務にどのような影響を与えるのか理解するためには、のれん代が発生する仕組みについて知っておく必要があります。のれん代の仕組みがわかれば、東芝の件に限らず、巨額のＭ＆Ａがからむケースについて、よりスムーズに理解することができます。

日米で異なる「のれん代」の計上方法

企業が他の企業を買収する場合には、その費用を会計上、どう処理するのかが問題となります。

一般的に、対象となる企業の純資産額と同レベルで買い取られるケースはほとんどありません。売り手はできるだけ高く売却しようとしますから、なんらかの形でプレミアムがつくことになります。のれん代とは、買収された企業の純資産額と実際の買収金額との差額のことを指します。買収を実施した企業は、こののれん代を会計的に処理する必要が出てくるわけです。

もし、買収したその年に、のれん代全額を費用として処理してしまうと、場合によっては見かけ上、大赤字となってしまいます。

そうなると、本業がうまくいかずに赤字になったのか、前向きな買収の結果として赤字になったのか、外部からは判断がつきません。また買収した企業は今後、何年、何十年にもわたって会社全体の利益に貢献するものですから、買収した年だけでのれん代を処理してしまうというのは、経営実態と乖離していると考えることもできます。

このため日本の会計基準では、企業を買収した場合、のれん代については、毎年一定額を均等に費用として処理していくことが定められています。処理する期間は20年以内となっており、企業ごとに適切な期間が設定されます。

つまり、**日本基準では、**よほどのことがない限り、**一定額を毎年、機械的に処理する仕組み**になります。

一方、**米国会計基準や国際会計基準では、**日本とは異なったルールが適用されています。**のれん代を毎年均等に償却する必要がない代わりに、**買収した企業の経営状況をつねにチェックし、**業績が悪化した場合には、即座に減損処理をしなければなりません。**

東芝は米国基準を採用しており、当初は、買収したＷＨの経営がうまくいっているとして、のれん代を償却していませんでした。しかし、経営の実態が悪いことが明らかになり、急にこれを償却する必要に迫られたというのが巨額損失の原因です。

原子力市場を読み違え、見直しもしなかった

　ではなぜ東芝の原子力事業は巨額の損失を抱える状況になってしまったのでしょうか。その**最大の原因は市場動向の読み違い**にあります。

　先ほども説明したように、同社は２００６年から複数年にわたり、総額で８０００億円近い金額を投じてＷＨを買収しました。買収価格が高すぎるという批判や原子力市場は縮小に向かっているとの指摘は出ていましたが、東芝の果敢な経営姿勢をたたえる風潮が強く、こうした指摘が顧《かえり》みられることはありませんでした。

　しかも**ＷＨの買収案件は、**価格の問題だけにとどまらず、**ビジネス的にそもそも無理**がありました。その理由は原子炉の型式です。

　東芝はもともと米ＧＥ（ゼネラル・エレクトリック）社から技術提供を受けて原発事業を進めてきた企業ですから、原子炉の型式はＧＥと同じ沸騰水型《ふっとうすい》（ＢＷＲ）です。一方、ＧＥのライバルであったＷＨがおもに製造していたのは、加圧水型（ＰＷＲ）と呼ばれる型式でした。

ちなみにＷＨは、日本においては三菱重工に技術供与をおこなっており、三菱の炉の形式はＰＷＲになっています。

異なる技術体系の会社を買っても、両社で共通化できる部分は限定的ですから、**東芝がＷＨを買収するメリットはそもそも大きくない**のです。むしろ、ＷＨを買収することでシナジー効果を得やすいのは東芝ではなく三菱重工のほうでした。

実際、ＷＨの買収には三菱重工も名乗りを上げていたのですが、東芝が提示した価格があまりにも高く、買収を断念したという経緯があります。おそらくは、東芝と三菱に競争させ、値段をつり上げるための作戦だったと考えられます。

東芝はもともと原子力事業にはそれほど積極的ではなかったのですが、半導体など他部門の業績が悪化したところに、このような大型案件が転がり込み、経営陣はこの案件に飛びついてしまいました。

名門企業だったＷＨがわざわざ他社に身売りしたのは、原子力ビジネスが縮小に転じる可能性が高いと経営陣が判断していたからです。実際、市場は彼らの予想どおりに進みます。

買収から数年が経過した２０１２年、東芝の原子力ビジネスにおける本家本元であるＧ

Eが原子力事業からの撤退を宣言しました。

この時点で**東芝経営陣が、市場の潮目が変わったことを受け入れ、ＷＨの事業に関してリストラをおこなっていれば、今回のような事態にはいたらなかった**でしょう。しかし東芝経営陣は、おそらく自身の保身のため、こうした決断をおこないませんでした。

先ほども説明したように、東芝の一連の買収について不安視する声がまったくなかったわけではありません。

しかし世間では、「原子力ルネサンス」「世界を震撼《しんかん》させた」「選択と集中」など、東芝の決断をもてはやし、批判的な意見はすべてかき消されてしまいました。

結果的に**東芝は、ＧＥですら撤退した米国の原子力事業にたった１社で邁進《まいしん》し、そして経営破綻《はたん》の瀬戸際まで追い込まれた**わけです。

事実上の解体企業に投資的将来はあるか

では、東芝は今後、どのような展開が考えられ、投資家は今後の東芝について、どう評価すればよいのでしょうか。

東芝はすでに債務超過となっていますから、まずはこの部分をカバーするための施策が必要です。

資本の欠損を穴埋めするためには、増資など、外部から資金をつのるやり方が考えられます。しかし投資家はそれなりの方向性が見えないと増資には応じませんから、まずは自社でできる範囲で取り組むことになります。

具体的には資産価値のある資産を売却し、これを損失の穴埋めに充てるということになりますが、東芝もセオリーにしたがい、子会社株式の売却などを進めてきました。しかし東芝にとってもっとも資産価値が高く、財務状況を劇的に改善できる資産は、フラッシュメモリ事業しかありません。

この売却には紆余《うよ》曲折がありましたが、最終的に約2兆円で、日米韓の企業連合への売却が決まりました。これによって、東芝の倒産危機はとりあえず回避することができました。

しかし、問題はその後です。

東芝は、主力と位置づけた米国の原子力事業で失敗し、事実上のこの分野から撤退しました。すでに家電やパソコンはリストラ済みですから、事業としてはほとんど残っていません。東芝では唯一《ゆいいつ》の高収益事業だったフラッシュメモリ事業は、損失の穴埋めのために売却されてしまいました。

　フラッシュメモリ事業を失った**東芝には、もはや設備機器など地味な事業しか残っていません。**このような事業だけでは、高い成長シナリオを描くことはむずかしいといってよいでしょう。東芝という名称は残っていますが、**東芝はもはや事実上解体された状態**にあると考えて差し支えありません。

「事業の将来展開に対して投資する」という株式投資の基本を考えると、東芝は一般的な投資対象からは外れてしまいそうです。

　もっとも、少しクセのある投資を望むのであれば、話は別です。

東芝の電機・機械関連事業は、場合によっては他の企業から買収のターゲットとなる可能性があります。こうしたケースでは、事業の収益以上に株価は上昇しますから、投資家にとってはパフォーマンスのよい投資案件となるかもしれません。

　しかしながら、**これはあくまで投機であり、堅実な投資ではありません。**東芝への投資を検討している人はこのあたりをよく考える必要があるでしょう。

東芝の将来評価

数字（財務）
事実上の粉飾決算であり、上場する資格があるのか疑問視されるレベル
メモリ事業の売却で、とりあえず倒産は回避
市場（マーケット）
米原子力事業の買収価格はあまりにも高すぎた
シナジー効果も薄く、買収のメリットも薄かった
GEなど主力企業はすでに原子力事業から撤退
東芝だけが原子力拡大に邁進していた
シナリオ
メモリ事業の売却によって主力事業がなくなり、投資対象として魅力に欠ける
部門買収の思惑で株価が上がる可能性は否定できない

ソフトバンクグループ

――借金も資産も期待値も大きいグローバル企業

数ある日本企業のなかで、ソフトバンクグループほど全世界から注目を集めているところはないでしょう。つい最近まで、単なる大手国内通信事業者という位置づけでしたが、ソフトバンクをとりまく状況は数年で激変しました。

躍進のきっかけとなったのは、２０１３年に米国第3位（当時）の通信会社だったスプリントを買収したことです。その後、２０１６年にスマホ向け半導体で圧倒的なシェアを持つ英ＡＲＭ《アーム》を3兆円で買収したり、２０１７年にはサウジアラビア政府と共同で10兆円ファンドを設立するなど、グローバル市場での存在感を一気に高めました。

ソフトバンクは、グーグルやアップルなどと肩を並べる企業となっており、会社の評価についても、**もはや国内の基準は適用できない**状況です。

巨額買収で倍々ゲームがつづく

ソフトバンクは業績の評価がもっともむずかしい会社のひとつです。その理由は、**異なる業態の事業を多方面に展開するコングロマリット（複合企業）となっている**からです。

同社の中核事業は、携帯電話を中心とする通信事業と、ネット企業などに対する投資事業の2つです。それぞれのビジネスは有機的に結びつくケースもありますが、基本的には独立していますから、とりあえずは事業ごとに単独に評価することで問題ないでしょう。

また、ソフトバンクは巨額の投資をおこなうために、大規模な資金調達をおこなっており、**相当の債務を抱えています。**一方、中国の電子商取引サイト**「アリババ」の株式など、莫大《ばくだい》な額の資産も保有**しており、そのバランスをどう評価するのかもむずかしいところです。

サウジアラビア政府と共同で設立した10兆円ファンド（ソフトバンク・ビジョン・ファンド）は、ソフトバンクの連結決算の対象となっていますから、このファンドをどう位置づけるのかによっても財務的な評価は変わってきます。

ソフトバンクグループの業績推移

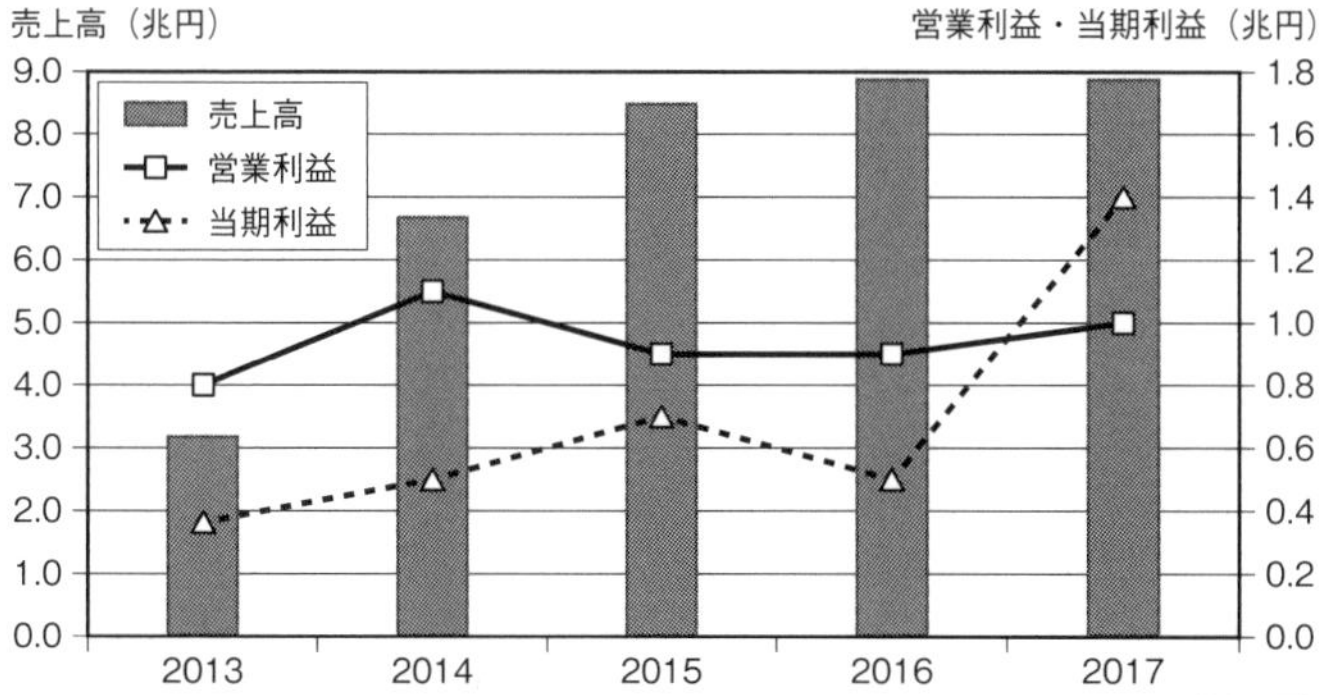

（百万円）

	2013	2014	2015	2016	2017
売上高	3,202,536	6,666,651	8,504,135	8,881,777	8,901,004
営業利益	799,399	1,077,044	918,720	908,907	1,025,999
当期利益	372,481	520,250	668,361	474,172	1,426,308

ソフトバンクの最近の業績推移を見てみましょう。**２０１７年３月期の売上高は約８兆９０００億円、営業利益は１兆円**です。日本において、営業利益が１兆円を超える企業というのは、トヨタなどごくわずかしかありません。

２０１６年３月期との比較ではそれほどでもありませんが、それ以前の成長スピードは驚異的です。２０１３年３月期には３・２兆円だった売上高が、２０１４年には６・７兆円に、２０１５年には８・５兆円に急増しています。

これは２０１３年に米国の通信会

社スプリントを買収したことや、同じく米国の携帯電話販売会社であるブライトスターを子会社化したことなどが影響しています。

買収前年の2012年におけるスプリントの売上高は353億ドル（当時のレートで2兆8000億円）、ブライトスターの売上高は63億ドル（当時のレートで5000億円）でした。買収にともなって、これらの売上高や利益が、ソフトバンク本体の決算に順次反映されていきますから、業績は一気に拡大するわけです。

スプリントの買収後、円安が進み、円ベースでの数字が膨らんだことも大きく影響しています。

スプリント買収は失敗ではないのか？

2017年になって営業利益が増加したのは、買収当時は赤字を垂れ流していたスプリントの業績が回復してきたからです。

スプリントは赤字を垂れ流していたとはいえ、米国でも有数の通信会社ですから、このような企業を買収できるチャンスはめったにありません。業績が低迷しているときでなければ買えない会社と思ってよいでしょう。

ソフトバンクは国内の通信事業は絶好調ですから、買収当初は、国内の携帯電話で得た利益をスプリントの損失補塡《ほてん》に回すという状況でした。

ここにきてようやくスプリントの業績が持ち直し、全体の業績に貢献するようになってきたわけです。**スプリントの成長が進めば、ソフトバンクの利益をさらに押し上げる**でしょう。

ちなみに2017年3月期の売上高8・9兆円のうち、スプリント事業によるものは約3・6兆円、国内通信事業に関連したものは約3・2兆円でした。残りの2兆円は、国内の流通事業やヤフー事業、ARM事業などによるものです。

営業利益については、1兆円のうち7200億円が国内通信事業から生み出されており、スプリントがもたらしている利益は1800億円となっています。しかしスプリントはまだ再建途上であり、本来であれば、国内通信事業と同じ水準の利益を上げることが可能です。**もしそれが実現すれば、ソフトバンクの営業利益はあと5000億円ほどかさ上げされる**ことになるでしょう。

一方、サウジアラビアと共同で組成した10兆円ファンドについては、これから本格的に投資を進めるという段階ですので、２０１７年３月期の決算には反映されていません。

アリババの含み益が下がると財務が危険に

現時点においてソフトバンクの最大の課題は財務です。

スプリントの投資には２１６億ドル（当時のレートで1兆８０００億円）を費やし、ＡＲＭの買収には３・３兆円を投じました。

ソフトバンクはこうした買収資金を社債など負債によって調達しているのですが、なぜ、これほどの借金をつづけることができるのでしょうか。

その理由は、過去に投資した中国のＩＴ企業**アリババなどの含み益が巨額になっており、これが事実上の担保となっている**からです。

２０１７年5月時点において、**ソフトバンクが保有するアリババ株の価値は**9兆円でしたが、その後、株価が大きく上昇したことから、**２０１７年10月時点では15兆円**に達しています。

ソフトバンクはこれまで、積極的に投資や買収をくり返し、投資先の価値が増大すると、さらに多額のファイナンスをおこなって、より規模の大きい投資を実施するという、一種の倍々ゲームをつづけてきました。

有利子負債は2017年3月末時点において約15兆円ですが、アリババが持つ含み益がなくならない限り、ソフトバンクの財務の健全性は維持されることになります。

しかし、**アリババや買収したARMの時価総額が大きく下がるようなことになれば、財務状況は逆回転**をはじめてしまいます。

このあたりをどう評価するのかは、人によって意見が異なるかもしれません。投資家によってソフトバンクの評価が真っ二つなのは、このあたりに原因があると考えられます。

競合なしの10兆円ファンド

ソフトバンクの状況をより深く理解するためには、米国の通信市場の現状について知っておく必要があります。

米国の通信市場では、ベライゾン、AT&T、ソフトバンクが買収したスプリント、TモバイルUSの4社がシェアを争っています。このうち、**ベライゾンとAT&Tの2社で**

6割以上のシェアを握る構図となっており、両社はそれぞれ約1億人強の利用者を抱えています。

一方、ソフトバンクが買収したスプリントの契約者数は買収当時で５５００万人となっており、上位2社と比較した場合、少々見劣りする状況でした。

米国は先進国では珍しく人口が増加している国ですから、携帯電話市場は、今後も継続的な拡大が見込まれています。**携帯電話の市場で上位に位置している会社は、そのまま経営をつづければ、人口増加にともなって売上高と利益を増やすことが可能**です。このため、高いシェアを持つことには大きな意味があります。

当然のことながら、ソフトバンクの狙いもそこにあります。

ソフトバンクはもともと、スプリントを買収したのち、当時、全米4位の通信会社ＴモバイルＵＳ（現在は3位）を買収する計画を立てていました。

スプリントとＴモバイルＵＳを合わせれば、上位2社と互角に争うことが可能となります。つまり、**スプリントの買収は単体ではなく、ＴモバイルＵＳとのセットになって初めて意味を持つ**のです。

ところが、この買収計画に対する米当局の反応はネガティブであり、ソフトバンクは一時、買収を断念したと噂《うわさ》されていました。

こうした状況を大きく変えたのが、トランプ大統領の誕生でした。政権交代によって米当局の人事が一新されたことで、ソフトバンクによるTモバイルUS買収に再び道が開けてきたのです。

ソフトバンクがTモバイルUSを完全に傘下《さんか》に収めれば、ベライゾン、AT&Tに次ぐ、米国有数の通信会社に変貌《へんぼう》することになります。

米国の通信事業は当分のあいだ継続的な拡大が見込めますから、ソフトバンクは巨額のキャッシュフローを安定的に稼ぐことが可能となるわけです。

短期的には、この市場ポジションを確保できるのかどうかが、同社における最大の評価ポイントということになりそうです。

もうひとつの投資事業ですが、ITを中心とした先進的な企業へのリスク投資に特化したファンドとしては、10兆円ファンドは世界でも突出した規模となっています。

10兆円ファンドと競合するファンドは、事実上、存在していません。有望な投資案件は最初に10兆円ファンドに持ち込まれることになりますから、投資の機会を逃すというケースはまず考えられないでしょう。

したがってソフトバンクの投資事業は、他のファンドとの競争というよりも、投資する分野の成長性そのものにかかっています。

いまのところ、10兆円ファンドの投資先としては、すでにソフトバンクが買収したARM（ソフトバンクが保有する一部株式の譲渡）や、AI向け半導体では世界トップ企業のひとつである米エヌビディアといった名前があがっています。

案件としては申し分ありませんから、**順調に投資が進めば、確実に大きなリターンをもたらす**でしょう。

一方、AIやIoT（モノのインターネット）といった、**現在のハイテク業界の流れが大きく変わった場合には、一連の投資は総崩れ**になってしまいます。

ソフトバンクの投資は大規模ではありますが、基本的に一点集中型に近いですから、こうしたリスクがつねにつきまとうことになるわけです。

Tモバイル買収頓挫後のシナリオは？

ソフトバンクの今後のシナリオについてはどう考えればよいでしょうか。

この原稿を書いている２０１７年10月時点では、ＴモバイルＵＳの買収は、同社の株主であるドイツテレコムとの調整がつかず、再び暗礁《あんしょう》に乗り上げてしまいました。統合に関する議論は再度中止となり、米国の通信事業への取り組みは振り出しに戻ってしまった形です。

今後もなんらかの形で米国の通信事業の再編をしかけていくというシナリオに賭けるのであれば、ＡＴ＆Ｔやベライゾンと同程度の収益を確保する可能性も見えてくるわけですから、ソフトバンクの営業利益は大幅に増加し、その分だけ株価も上昇することになります。

一方、**買収を完全に断念するということになれば、状況が落ち着くまで株価は軟調に推移する可能性が高い**でしょう。これまでの株価は、２社の統合を織り込んだものであり、期待値が多分に含まれているからです。

通信事業の再編とは違った次元で、株価がもう一段、上昇する可能性ということになると、やはり**10兆円ファンドの投資先次第**でしょう。

著名企業への投資が実現する、あるいは投資先企業の時価総額が急拡大するという状況になれば、将来への期待から株価がさらに上がるかもしれません。

ソフトバンクグループの将来評価

数字（財務）
もっとも財務の評価がむずかしい企業
通信会社と投資会社を組み合わせた事業形態
有利子負債が過大だが、アリババの含み益がある限り財務は安定
市場（マーケット）
米国の携帯電話市場は今後も拡大の見込み
投資ファンドにも競合はなく有利な展開が可能
社会のAI化などトレンドは同社の読みどおり
シナリオ
米国通信事業の完全買収に成功すればキャッシュフローが倍増する可能性も
10兆円ファンドも当面は堅調に推移
最大のリスク要因は、AIバブルの崩壊

ただ、このあたりは不確実性も高いですから、正確な予想は困難です。当面は、米国における通信事業をどう舵《かじ》取りしていくのか、様子を見るのが妥当なスタンスでしょう。

セブン&アイ・ホールディングス
——人口減少・飽和市場をどう乗り切るか

セブン&アイ・ホールディングスはセブン‐イレブンという最強のコンビニを擁《よう》する小売業界のリーダー的企業です。売り上げの規模では業界トップのイオンにかないませんが、利益率ではイオンを圧倒しています。

これまでセブンは長期にわたって好業績を維持してきたのですが、その成長もそろそろ曲がり角に差しかかっています。

これは同社単体の問題というよりも、小売業界全体に共通する話なのですが、高齢化の進展で消費が先細りとなっており、業績の伸び悩みが顕著《けんちょ》となっています。

今後、人口減少の本格化にともない、市場環境がさらに悪化するのは確実であり、このなかでどう生き残るのか、各社の戦略が問われています。

小売りや外食などＦＣ企業の財務の見方

他の業界と異なり、小売業界や外食業界について分析をおこなう際には、少し注意が必要となります。その理由は、**店が実際に売り上げている金額と運営企業の売上高が大きく異なっているケースがある**からです。

両者の売上高が乖離《かいり》してしまうのは、小売や外食の業界にはフランチャイズ（ＦＣ）制度が広く定着しているからです。

ＦＣ制度とは、店舗を直接運営するのではなく、別の企業や個人事業主などに加盟店として運営を任せてしまうやり方です。加盟店は、売り上げや利益の一部をロイヤリティとして本部に支払う代わりに、本部の看板を使って店舗の営業ができます。

コンビニは他業種と比較して店舗数が突出して多く、直営店だけで機動的な店舗展開を実現するのは困難です。したがって、この業界ではＦＣ制度がフル活用されています。

たとえばセブンは全国に約2万店舗を展開していますが、直営となっているのはわずか５００店舗程度であり、それ以外の店舗には独立した店舗オーナーが存在しています。

セブン＆アイ・ホールディングスの業績推移

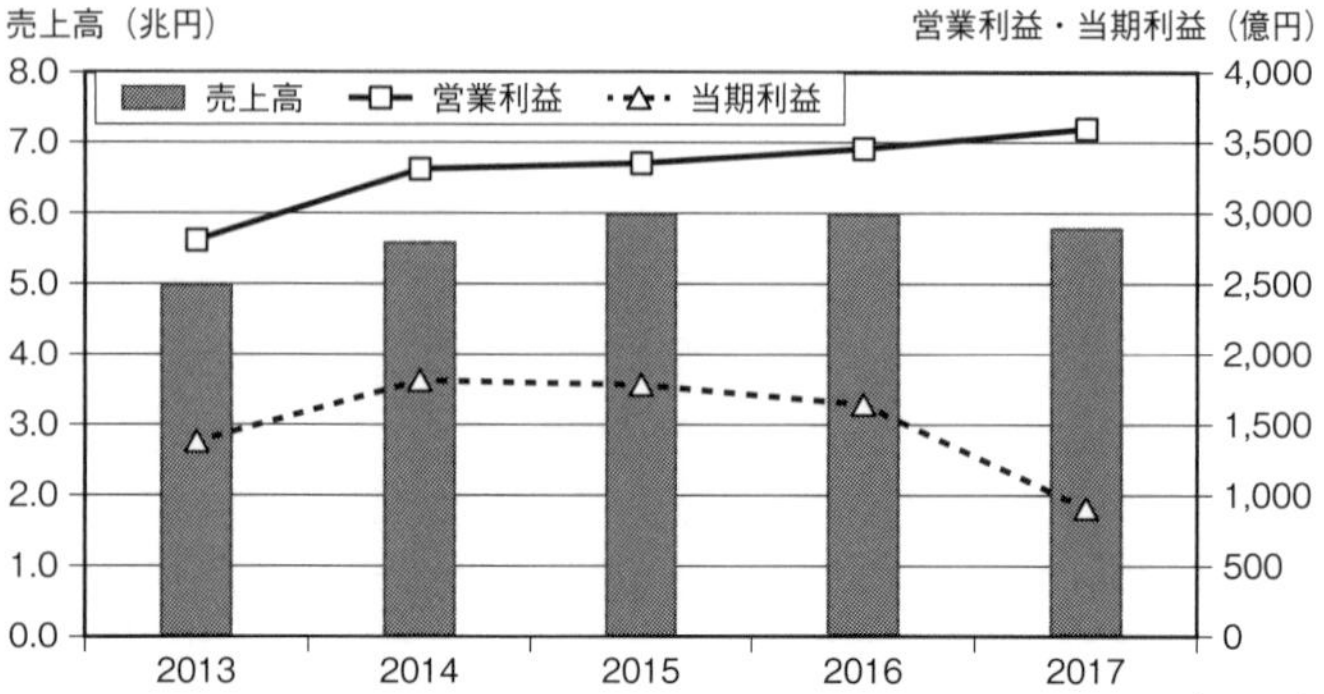

（百万円）

	2013	2014	2015	2016	2017
売上高	4,991,642	5,631,820	6,038,948	6,045,704	5,835,689
営業利益	295,685	339,659	343,331	352,320	364,573
当期利益	138,064	175,691	172,979	160,930	96,750

＊2月決算

このため**セブンが受け取るのは加盟店からのロイヤリティだけであり、店舗の売上高はセブンの決算には反映されません。**

一方、大型スーパーの**イトーヨーカ堂は、**セブン本体が直接店舗の運営をおこなっていますから、**店舗での売り上げは基本的にすべてセブンの決算に反映**されます。

競合のイオンは大規模なコンビニを持っておらず、スーパー中心の展開ですから、店舗の業績と会社の業績はほぼ一致すると見てよいでしょう。

一般常識では店が繁盛していれば運営企業は儲かっており、店に閑古《かんこ》鳥《どり》が鳴いていれば、運営企業の業績も低迷するという話になりますが、ＦＣの場合には必ずしもそうとは限らないのです。

あまり多くはありませんが、加盟店から徴収する金額を一方的に引き上げることで、本体企業の業績をよく見せる、といった操作が可能となります。

ＦＣ制度を活用している企業の場合には、このあたりに気を配る必要があるのです。

頭打ちとなったコンビニ事業

それではセブン＆アイ・ホールディングスの業績をチェックしてみましょう。

小売業界は一般的な企業と異なり、2月決算が多いという特徴があります。セブンの２０１６年２月期の売上高は５兆８０００億円、営業利益は３６００億円でした。２０１３年から２０１５年にかけては業績が拡大していましたが、**２０１６年をピークに減収に転じています。**

これは、イトーヨーカ堂など総合スーパーの業績が低迷していることや、海外のコンビニの売上高が円高で減少したことがおもな要因です。

主力であるコンビニのビジネスはまだ成長がつづいていますが、先ほども説明したようにコンビニ事業はロイヤリティ収入がメインになります。

ロイヤリティは利益には大きく貢献しますが、売上高は大きく増えませんので、コンビニ事業の拡大で売上高を増やすという戦略は採用しにくいというのが現実です。

またコンビニ事業も大きな転換点を迎えていますから、**今後の展開としては、売上高はそれほど伸びなくてもよいので、利益体質を維持する方向を目指す**と考えられます。

とりあえず、業績の足を引っ張っている総合スーパーをどう立て直すのか、転換点を迎えているコンビニの事業をどのように展開していくのかといったあたりが注目点ということになるでしょう。

飽和市場で成長するための2つの方法

飽和しつつある市場でさらに成長を目指す場合には、大きく分けて2つの方法があります。

①新しい顧客を開拓したり、まったく新しい売り方を試みる

②既存の顧客層に対して、より多くの製品やサービスを販売する

セブンはどちらかというと後者を目指しているようです。

セブン‐イレブンは、コンビニ業界では最大手であり約2万店ほどの店舗があります。これまでは2位のローソン、3位のファミリーマートに大きな差をつけていましたが、ファミリーマートと4位のサークルKサンクスが経営統合したことで、新生ファミリーマートは一気に1万8000店舗となり、セブンに肉薄する状況となりました。

しかし、**ファミリーマートは店舗数でこそセブンに近づきましたが、収益力という点ではまだまだ**です。セブンは老舗《しにせ》らしく、立地条件のよい店舗が多く、他社に比べて来客数が多いという特徴があります。また商品力もあるため、1店舗あたりの売上高は他社を圧倒しています。

セブンの平均的な店舗における年間売上高は約2億3000万円ですが、**ファミリーマートやローソンは1億6000万円台とセブンの7割程度**しかありません。セブンはこうした優位性を生かし、さらに店舗の収益力を高めようとしています。

セブンは**2017年、創業以来、初めてとなる店舗レイアウトの全面刷新を決断**しました。

ふだん、お店を利用しているときにはあまり意識しないかもしれませんが、**店舗のレイアウトと売上高には密接な関係**があります。どの場所にどのような商品を配置するのかで、店舗の業績は大きく変わってくるのです。

従来のセブンの店舗は、入り口を入ると左手にレジカウンターがあり、右手に雑誌が配置されるというケースが大半でした。雑誌を立ち読みする人が外から見えるようにして、歩行者に来店をうながすためです。

カウンターの近くには、お弁当やチルドの棚があり、カウンターの反対側には飲料が入る大型冷蔵庫が配置されます。物件の間取りにもよりますが、基本的にどの店舗も同じ方針に沿って商品が配置されているはずです。

新レイアウトの店舗では、入り口の右側に雑誌があるという点は同じですが、雑誌のスペースは大幅に縮小され、入り口の左側は冷凍食品の棚となります。レジカウンターは奥に移動し、おでんや揚げ物、コーヒーを拡充するためカウンターが3割ほど長くなります。

整理すると、**雑誌スペースを縮小し、冷凍食品とファストフードを大幅に拡充した**ことになります。

レイアウトを変えると株価が15％上昇？

今回のレイアウト変更で**セブンが狙っているのは、客単価と利益率の向上**です。

このところ女性の社会進出の本格化など、日本人のライフスタイルが大きく変化しており、家で料理をつくるケースが少なくなっています。

これまでの時代であれば、食材はスーパーで買うことが多かったのですが、コンビニに冷凍食品が並べば、コンビニですべての買い物をすませる人も増えてくるでしょう。コンビニにとっては、スーパーから顧客を奪えますから、売上高の拡大が見込めるわけです。

セブンの最終的な狙いは、ファストフード類の販売拡大と思われます。

コンビニの商品は種類ごとに利益率が大きく異なっています。単価が高く、そして利益率も高いのは、条件にもよりますが、弁当や総菜などファストフード類です。**おでんなど店内での加工が増えるほど利益率が高くなってくる**ので、販売数量が大きくなるとさらに収益に貢献します。

一方、飲料や菓子といった加工食品は、本部がいくらで仕入れたのかによって利益率が決まってしまうことに加え、単価もそれほど高くありません。販売数量が見込めればという条件がつきますが、ファストフードの比率を上げると、店舗の業績は拡大する可能性が高いと見てよいでしょう。

入り口を入ると冷凍食品があり、これを見た顧客は今夜の食事のメニューを考えることになります。奥に進めば、拡張されたカウンターにおでんなどが並んでおり、総菜類も豊富にあります。夜の食事を基本にすると、もう1品、ついで買いをする確率が高まるので、客単価も高くなるという仕組みです。

ちなみにセブンが試験的に新レイアウトを導入した店舗では、ファストフードの販売が大幅に伸び、店舗の日販（1日あたりの売上高）は7％拡大。利益率は0・4％向上したとのことです。

セブンでは、今期中に新レイアウトの店舗を新店で1100店、既存店で800店ほど展開する予定となっており、2021年までには約1万店が新しいレイアウトになります。

仮に全店舗（約2万店舗）が新レイアウトになり、売上高が7％拡大したと仮定すると、**筆者の試算では、本体であるセブン&アイ・ホールディングスには600億円の利益がもたらされる**ことになります。

あくまで理屈上ですが、**セブンの株価は15％ほど上昇する**余地が出てきます。

堅実セブンか、新業態のファミマか

セブンに投資を検討している投資家は、セブンの新しい店舗戦略についてどう評価すればよいのでしょうか。

最初に気になるのは他社の動向です。もし店舗のレイアウト変更にこれほどの効果があるのなら、競合他社もすぐに真似しそうに思えます。

しかし、他社がセブンのレイアウトを真似るのはそう簡単ではありません。このレイアウト変更はセブンだからこそ実現できるという側面があるからです。

先ほど説明したように、**ファストフード類は**多数の来客が見込める場合に限って高い利益を出しますが、**来客数が見込めない場合には逆に利益率を下げてしまう**可能性があります。

しかもファストフードは賞味期限が短く、商品が売れ残った場合にはすべて廃棄しなければなりません。下手をすると、逆に収益の足を引っ張るリスクもあるのです。

つまり、**ファストフードの大幅な拡充は諸刃《もろは》の剣であり、もともと販売力の高いセブンだからこそ決断できる**ともいえるのです。

もし他社が簡単にレイアウト変更に踏み切れない場合には、セブンと他社の収益力の差はさらに拡大し、セブンは相対的に高い成長を実現できるかもしれません。

このシナリオに賭けるのはひとつの考え方といってよいでしょう。

しかしながら、他社もこの状態を黙って見ているわけではありません。セブンと同じ手法が採用できない場合には、考え方を変え、別の戦略で売り上げの拡大を狙ってくる可能性があります。サークルＫサンクスと経営統合したファミリーマートは、セブンとは別の成長シナリオを考えているようです。

ファミリーマートの戦略は、新しい顧客層に対して、新しい手法で商品を売り込むというものです。

全体像はまだ明らかではありませんが、このところ同社が相次いで資本提携している企業の顔ぶれを見れば、おおよそのことはわかります。

ファミリーマートは、２０１７年６月、ＡＩを駆使した新型店舗の開発に関してＩＴ企業である**ＬＩＮＥと提携**。８月にはディスカウント・ストアの**ドン・キホーテと資本提携**

し、スマホを使った金融サービスの展開や、商品の共同開発に乗り出す方針を明らかにしました。

一連の取り組みは、小売店のあり方を根本的に変えてしまう可能性を秘めています。これまでの小売店は、どんな顧客が来店するのかわからないまま、商品を陳列し、売れるのを待つという受動的なビジネスでした。隠れた顧客ニーズをいかに探し出すのかが店側の腕の見せどころであり、それがもっとも上手だったのがセブンということになります。ところが、ファミリーマートとＬＩＮＥが組むということになると、話はまったく変わってきます。

店側は事前に顧客がどのような人なのか理解したうえで、そこに最適化するようビジネスをおこなうことになります。具体的には、利用者の生活状況をＡＩが分析し、「そろそろシャンプーを買い足しておきませんか？　会社の近くのファミリーマートにはこんな商品がありますよ」とＡＩがＬＩＮＥを通じてメッセージを送ってくるようになるはずです。

将来的には**ＬＩＮＥの会員とドンキの会員が融合し、アプリを通じてさまざまな商品が紹介される**でしょう。ドンキの商品開発力には定評がありますから、ファミマとドンキの会員だけが買うことができる、便利なオリジナル商品が多数登場してくるかもしれません。

セブン&アイ・ホールディングスの将来評価

数字（財務）
小売店の場合にはFC制度の存在に注意
セブンは高収益で業界のリーダー的存在
好調なコンビニに対して総合スーパーは苦戦
市場（マーケット）
好調だったコンビニ市場もそろそろ頭打ち
次の成長を狙うには戦略を変える必要がある
セブンはとうとう店内レイアウト変更を決断
シナリオ
セブンは従来路線の深掘りという手堅い戦略
他社が真似るのは容易ではなく優位性あり
一方、ファミマは店舗のAI化があらたな顧客を開拓

　こうした取り組みはリスクも大きいですが、成功すれば飛躍的な成長を実現できる可能性もあるわけです。

ＬＩＮＥ——ＡＩビジネスで高成長なるか

ＬＩＮＥは、言わずと知れた、スマホ向けメッセンジャー・アプリを運営するＩＴ企業です。**ＬＩＮＥの利用者は６０００万人を突破しており、**これは日本の全世帯数に近い数字です。１人が複数アカウントを持っているという状況を考慮しても、**日本人のほとんどが利用していると考えて差し支えありません。**

ＬＩＮＥは２０１６年７月15日、東証１部に鳴り物入りで上場しました。上場直後の初値《はつね》は４９００円と、公募価格である３３００円を大きく上回り、時価総額は１兆円を突破。いったんは株価が下落したものの、その後、急上昇し、一時は５０００円を超える場面もありました。

ところが、株価は徐々に下落し、３５００円の底値をへて、ようやく以前の水準まで回復しています。

ビジネス面でも同様です。一連のブームが去った後は、ＬＩＮＥの新サービスが話題になるケースも少なくなりました。ＬＩＮＥがこのまま、単なるメッセージングの会社にとどまるのであれば、もう一段の株価上昇は見込めないかもしれません。

しかしＬＩＮＥは、次の成長ステージに向けた布石《ふせき》を着々と打ちはじめています。ＬＩＮＥは**ＡＩをベースにしたサービスの仲介企業を目指しています。**一連の施策がうまくいくかどうかは現時点ではわかりませんが、高いポテンシャルを秘めていることは間違いないでしょう。

ネット企業は原価がかからない商売

ＬＩＮＥの業績について見てみましょう。

ＬＩＮＥが、メッセージングサービスの提供を開始したのは２０１１年、本格的に事業展開をスタートさせたのは翌年の２０１２年ですから、同社は非常に若いベンチャー企業ということになります。

ＬＩＮＥの業績は、ベンチャー企業らしく、まさに倍々ゲームの展開となっており、２

LINEの業績推移

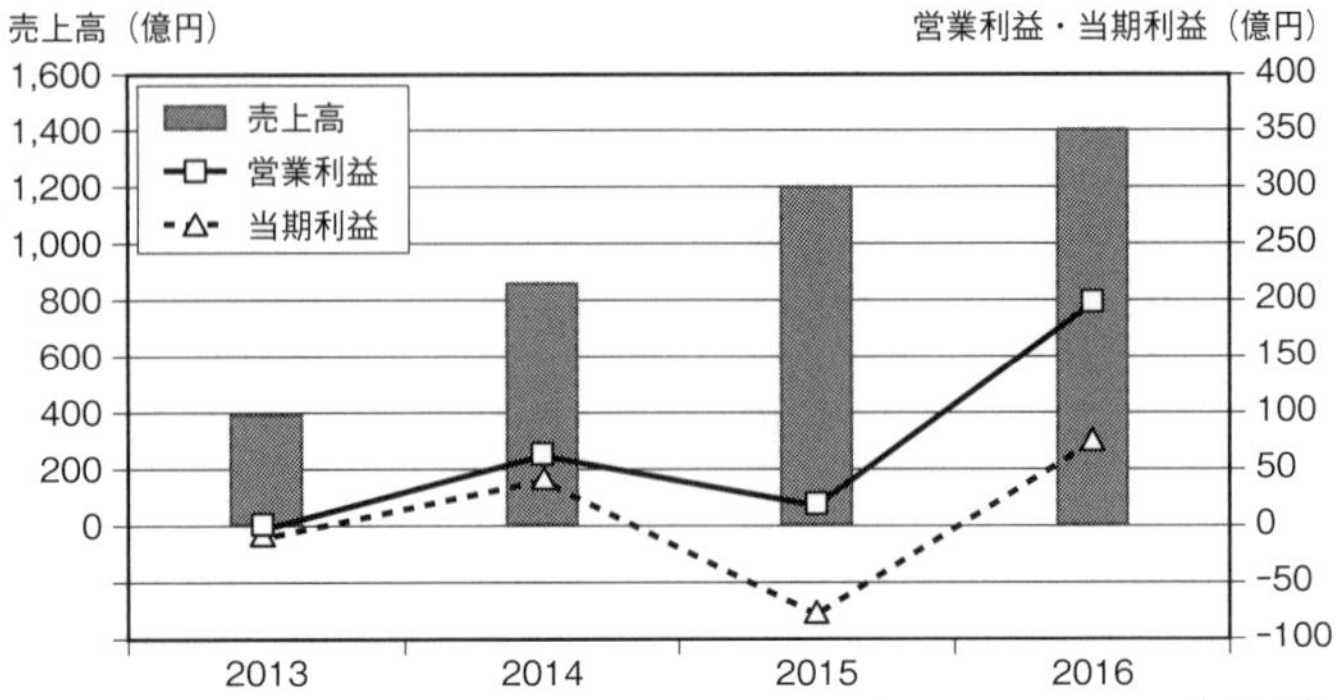

（百万円）

	2012	2013	2014	2015	2016
売上高		39,585	86,366	120,406	140,704
営業利益			6,415	1,960	19,897
当期利益		-764	4,206	-7,582	7,560

＊12月決算

０１３年には売上高がわずか４００億円だったところが、翌２０１４年には８６３億円に、２０１５年には１２００億円に成長しています。

ところが２０１６年頃から売上高の伸びが鈍化しはじめ、２０１７年についてもそれほどの伸びが期待できない状況となっています。

先ほども説明したように、ＬＩＮＥは日本人のほぼ全員がアカウントを持っているようなものですから、メッセージングサービスにとどまったままでは、そろそろ成長の限界に達してしまうわけです。

ＬＩＮＥのような**ネット企業の場**

合、利益の額についてあまりこだわる必要はありません。ＬＩＮＥの収益源は広告やスタンプ収入ですから、**基本的に原価がほとんどかかりません。売上高はそのまま利益となり、あとは人件費や開発費などをどの程度にするのかによって利益が変化する**という図式だからです。

成長を優先して先行投資を増やせば利益は減り、逆に利益を出そうと思えば、投資を抑制することになります。ある程度の範囲までなら利益をコントロールすることができますから、利益の推移についてそれほど神経質になる必要はないのです。

ＬＩＮＥの場合、むしろ親会社との関係のほうが投資家にとっては気になるところでしょう。よく知られているように、ＬＩＮＥは韓国のＩＴ企業ネイバーの子会社です。ＬＩＮＥの発行済株式の８割をネイバー社が保有していますから、ＬＩＮＥの経営権は韓国側にあります。

ＬＩＮＥがどのような経営をするのかについては、最終的にはネイバーが決定することになりますから、この点については注意が必要です。また、株式の需給についても同じことがいえます。

ＬＩＮＥの株価は業績にも左右されますが、親会社がＬＩＮＥの株式をどの程度、市場で売却するのかという需給要因で決まってしまう側面も多分にあります。

いまのところネイバーは継続保有の方針と考えられるので、ＬＩＮＥには大きな売り圧力はありませんが、**ネイバーが売却に転じた場合には、市場に大きな売り圧力が生じる可能性がある**ことは否定できません。

いずれにせよ、ＬＩＮＥの評価において重要なのは、６０００万人という巨大な顧客層を使って、新しいビジネスをどう展開できるのかという部分になります。

ＬＩＮＥがどのような戦略を描いているのか探っていきましょう。

ＡＩスピーカー「クローバウェーブ」の可能性

いまのところ、ＬＩＮＥはメッセージングツールを提供するネット企業ですが、このまま単なるメッセージングツールを提供する企業にとどまっている可能性は低いでしょう。次の成長ステージに向けて準備していることは間違いありません。

多少、楽観的に評価すればという条件つきですが、**ＬＩＮＥは、ＡＩをベースにした、総合的なサービス提供企業になるというシナリオを描いている**ようです。あえて同業者を探すとすれば、米アマゾンや米グーグルということになるでしょう。その片鱗《へんりん》は、このところ相次いで投入している新製品や新サービスにおいて垣間《かいま》見ることができます。

もっとも象徴的なのは、２０１７年7月から運用を開始した音声対話型ＡＩスピーカー（スマートスピーカー）「Clova WAVE（クローバウェーブ）」でしょう。

ＬＩＮＥは親会社のネイバーと共同で、クラウド型ＡＩプラットフォームである「クローバ」を開発しています。クローバウェーブはこのクラウド型ＡＩに対応した製品です。利用者が話しかけると、聞きたい音楽をかけてくれたり、知りたいニュースを読み上げてくれます。ＬＩＮＥでメッセージを送ったり、届いたＬＩＮＥのメッセージを読み上げることもできます。

これはアマゾンが販売しているＡＩスピーカー「エコー」やグーグルの「グーグルホーム」と同じような製品です。

エコーは英語圏を中心に、すでに何千万人もの利用者がいますが、アマゾンはネット通販の会社なので、対話型スピーカーを投入する意味は大きいと考えられます。**近い将来、ＡＩとやりとりしながら、日常的な買い物をＡＩスピーカーですませてしまうというライ**

フスタイルが定着する可能性が高いからです。

ＬＩＮＥの場合、いまのところネット通販企業ではありませんから、クローバウェーブは、単にＬＩＮＥのメッセージを読み上げたり、天気を知らせてくれる便利なツールにとどまることになります。

当然、このままではＬＩＮＥはそれほど大きな収益を上げることはできません。

ＡＩ＋物販の新ビジネスを模索

ＬＩＮＥは、ＡＩスピーカーをうまく収益につなげるため、同時並行で商取引に関連する新サービスを次々に立ち上げています。

２０１７年６月には、コンビニ大手のファミリーマートと次世代店舗について業務提携すると発表し、**ＬＩＮＥが開発するクラウドベースのＡＩサービスとファミリーマートの店舗網を連携させる方針**を明らかにしています。

具体的な内容は明らかにされていませんが、ファミリーマートにおける購買データをＡＩが分析し、ＬＩＮＥのメッセージング機能を使って最適なクーポンを送付するなど、個人ごとにカスタマイズされた販促活動の展開が予想されます。

対話型ＡＩスピーカーと連動させれば、朝出勤する前に、今日コンビニで何を買ったらよいのか、ＡＩと会話することも可能となるでしょう。

ＬＩＮＥは小売のほか、外食の分野でも提携を進めています。ファミマとの提携を打ち出した翌月、今度は**飲食店の出前メニューを注文できる新サービス「ＬＩＮＥデリマ」をスタート**させました。

ＬＩＮＥデリマは、宅配ポータルサイト「出前館」と提携し、出前館に登録されている吉野家などの宅配メニューをＬＩＮＥのアプリ上で注文できるサービスです。

出前の種類はカテゴリー別や地域別で選択できるようになっていますが、**ＬＩＮＥの新しい方向性を示しているのは、チャット形式の検索**でしょう。

ＬＩＮＥデリマの公式アカウントにアクセスし、たとえば「中華が食べたい」と入力すると「中華のお店はこちらです」といった形で返信してくれます。これをタップすると、該当するお店を一覧することができるという仕組みです。

チャットでの検索は、いまのところ特定のジャンルや店舗のみが対象となっており、やりとりは稚拙《ちせつ》で、まだまだ「お遊び」の領域を出ていません。

しかし、対話型ＡＩスピーカーが普及し、利用者のデータが蓄積されてくれば、**ＡＩによる出前の注文は高度化してくる可能性は高い**でしょう。

これは筆者の推定ですが、近い将来、ＡＩスピーカーに対して「今週末に５人でホームパーティーをするのでデリバリーを頼んでおいて」と話しかければ、ＡＩが状況を自動的に分析して、適切なデリバリーを注文するといったことができるようになるはずです。パーティーに参加する友人の名前を言っておけば、ＡＩは各人のデータを分析することで、食事の好き嫌いなども最適に判断してくれるでしょう。

これは外食でも同じことがいえます。

ＬＩＮＥはレストランの予約ができる「ＬＩＮＥグルメ予約」のサービスを２０１７年に終了してしまいました。「食べログ」をはじめとするグルメサイトに対抗できなかったことがおもな理由と考えられますが、これはＬＩＮＥにとって必ずしも痛手とは限りません。

ＡＩによるアシストサービスが普及すれば、わざわざＬＩＮＥが自前で予約サイトを運営する必要はないからです。

複数の予約サイトを横断的に検索し、最適な予約を入れることができ、そこで収益の一部を手数料として徴収できれば、むしろＬＩＮＥは高収益を確保することができます。

ＬＩＮＥは、外食だけにとどまらず、**生鮮食料品や医薬品など、さまざまな分野の商品の注文やデリバリーに対応できるよう準備を進めているそうです。**

アマゾンは自身が通販事業者であり、自ら在庫も抱えるＡＩ事業者ということになりますが、**ＬＩＮＥは各サービス事業者をつなぐＡＩポータルサービスを目指しているとみて**よいでしょう。

反アマゾンの小売店を取り込めばさらなる成長

ＬＩＮＥが狙っている新しいビジネスモデルはこれまでにあまり例のないものです。前例がないわけですから、失敗する可能性もありますが、もしうまくいった場合の成果は大きいでしょう。

ただ、ネット企業の場合には、それほど巨額の投資を必要としません。ＬＩＮＥの場合にはＡＩへの開発投資がカギを握りますが、この部分については親会社のネイバーと共同になりますから、ＬＩＮＥの負担はそれほど大きくないでしょう。

投資負担は限定的で、うまくいった場合には大きなリターンが得られることになりますから、取り組む価値はそれなりにあるはずです。

ＬＩＮＥがＡＩを使った商取引の分野に舵《かじ》を切るとなると、競合となる企業は、アマゾンや楽天ということになります。

直販の比率が低く、国内に幅広い利用者層を持つ楽天の潜在力は大きいですが、いまのところ楽天は、ＡＩを使った新しいビジネスモデルに積極的ではありません。そうなると、**アマゾンやグーグルといった外資系のＩＴ企業が、ＬＩＮＥのライバル**ということになります。

アマゾンはすでに社会生活を支える基本インフラとなっており、その影響力は圧倒的です。ＬＩＮＥがアマゾンと直接闘うのは容易ではないと考えられます。

アマゾンの最大の特徴は、基本的に直販が中心という点です。楽天のように出店者をつのり、自社以外の事業者の商品を売ることについてはそれほど熱心ではありません。最近ではマーケットプレイス（出店者による販売）を強化していますが、アマゾンの倉庫と連携するなど、限りなく自社販売に近い形態が中心です。

利用者にとっては、アマゾンから買えば、同じような条件で購入できますから非常に便

ＬＩＮＥの将来評価

数字（財務）
ベンチャー企業らしく業績は倍々ゲーム
ネット企業の場合には利益を気にする必要はない
6000万人まで普及したことから、従来路線での拡大余地は限定的
市場（マーケット）
同じネット企業でも、AI型と非AI型に分離する傾向が見られる
大きなポテンシャルがあるのは間違いなくAI型
AIは物販と結びつくことで効果を発揮する
シナリオ
LINEはAIビジネスに舵を切ろうとしている
ライバルはアマゾンやグーグルになるので競争環境は厳しいが、期待リターンも大きい
他サイトとの提携がカギ

利であり、この点がアマゾンの強みにもなっています。一方、アマゾンの条件に合わない出店者や商品はアマゾンに出品しにくいという問題がありますから、拡張性という点ではマイナスです。

ＬＩＮＥの今後の成長は、アマゾン以外の小売店をどれだけうまく取りまとめ、買い物のポータルとして機能できるかにかかってくるでしょう。

アマゾンの拡大で脅威《きょうい》を感じている小売店は多いですから、彼らを次々に取り込むことができれば、ＬＩＮＥの成長は次のステージに入ります。株価も将来の期待を背景に、もう一段高《いちだんだか》が期待できるかもしれません。

楽天――成長が鈍化し安定銘柄化へ

楽天は日本最大のＥＣサイト「楽天市場」を運営するネット企業です。現在では金融や通信など幅広い分野のサービスを提供していますが、同社の基礎となっているのはやはり通販サイトです。

楽天の業績は好調ですが、どういうわけか株価はあまり上昇していません。その理由はなんといってもライバルであるアマゾンの躍進でしょう。アマゾンは新しいサービスを次々と繰り出し、そのたびに消費者を驚かせていますが、楽天には目立った動きが見られません。

通販サイトの取扱高という意味ではまだ楽天に優位性があるものの、このままではアマゾンに抜かれてしまう可能性も出てきました。市場はこうした楽天の保守的な姿勢についてマイナスの評価をしているようです。

楽天は本来であれば、投資対象として非常に魅力的なはずです。保守的な優良企業としての側面に着目するのか、先進的なネット企業として評価するのかで、楽天に対する取り組み方は大きく変わってくるでしょう。

儲からない会社になりつつある楽天

楽天の業績は順調に拡大をつづけてきました。同社の売上高は、２０１２年12月期には約４０００億円でしたが、２０１６年12月期には約２倍の７８００億円となっています。

楽天はもともと高収益企業として知られており、２０１３年12月期においては、営業利益率17％を突破していました。しかし、その後は、**売上高は拡大したものの利益が伸びず、**２０１６年12月期についてはかなりの減益決算となっています。

楽天はそれほど儲からない会社になってきているのです。

そうなった理由を探るためには、まず、楽天がどのようなビジネスをしているのか理解しておく必要があるでしょう。じつは楽天の収益構造についてはよくわからないという人が多いのではないかと思います。

楽天の業績推移

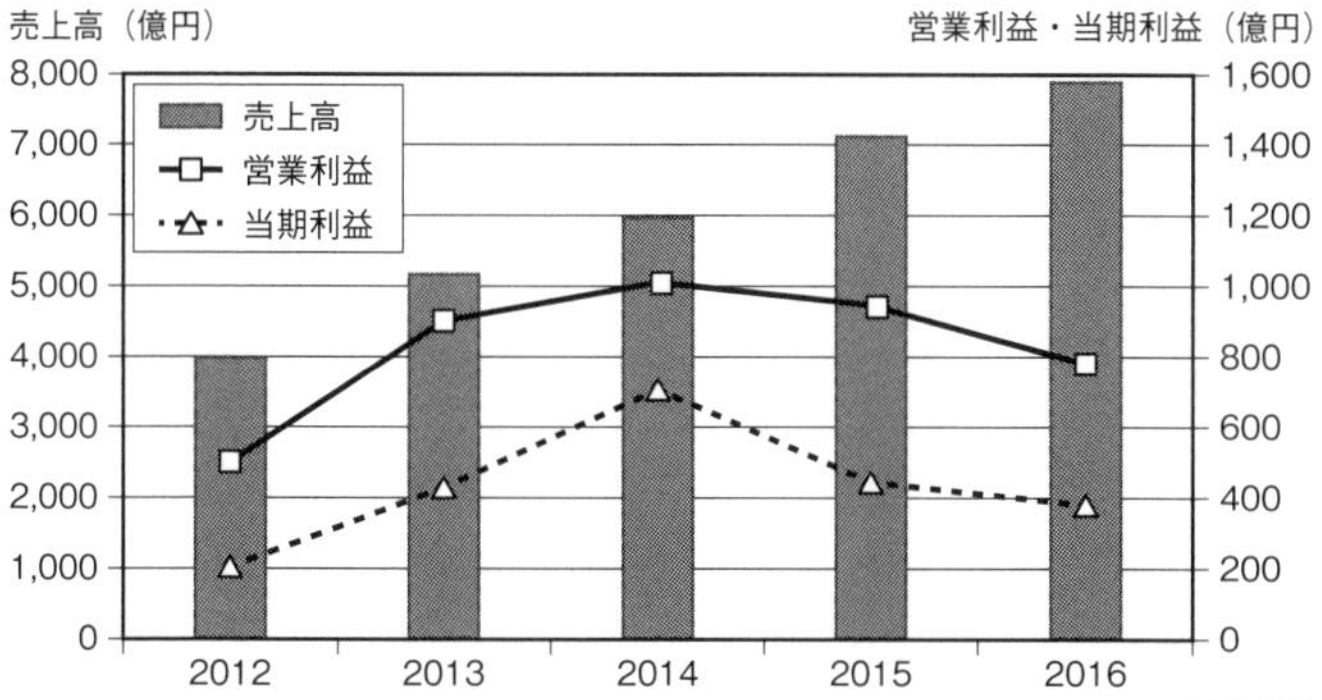

（百万円）

	2012	2013	2014	2015	2016
売上高	400,444	518,568	598,565	713,555	781,916
営業利益	50,055	90,244	106,397	94,689	77,977
当期利益	20,489	42,900	70,614	44,436	37,995

＊12月決算

通常、小売店は、商品を販売した代金が売上高として決算に反映されます。１００円のお菓子を売れば、売上高は１００円です。もし仕入れに70円かかっていれば、小売店の粗利益は30円となり、ここから給料などの経費を差し引いて、最終的な利益が得られます。

しかし、楽天の場合にはそのような仕組みにはなっていません。

楽天はあくまで楽天市場に出店する小売店に対してＥＣサイトのサービスを提供する会社であり、販売というビジネスそのものは、出店している小売店に任されています。

楽天は**出店者から毎月、出店料を徴収しており、これが楽天の売上高となります。**

セブン&アイ・ホールディングスのところでフランチャイズ・ビジネスの話をしましたが、感覚的にはこの方法に近いと思ってよいでしょう。フランチャイズの場合には、お店全体の売上高は全店売上高などと表現しますが、楽天の場合には「流通総額」という言葉を使っています。

楽天の２０１６年12月期における国内流通総額は３兆円でしたが、これは楽天に出店するお店の売上高と、楽天本体が販売した売上高（一部の商品は楽天が直接販売している）を足し上げたもので、これは楽天の売上高と一致しません。

実際に入ってくるお金は、出店しているお店から得る利用料ですから、この金額が楽天の基本的な売上高となっています。

楽天が出店者から徴収する利用料は、月額固定料金に加え、**商品の販売数量に応じた手数料もあります。**したがって、出店者の売り上げが拡大すれば、それに応じて楽天の売上高も拡大するはずです。

しかも楽天はＥＣサイトのシステムを提供しているだけですから、各店舗の売上高が２倍になっても、楽天側は経費が２倍かかるわけではありません。

理屈上は楽天の売上高が伸びれば、楽天の利益率は大きく上昇するはずです。

消耗戦のポイントキャンペーン

ところが先ほど見たように、楽天の利益率はむしろ下がっています。その理由は、楽天本体が出店者の販促活動を支援しているからです。

楽天の利益を押し下げている原因のひとつが、同社が2016年1月からスタートさせた「楽天スーパーポイントアッププログラム（SPU）」です。

楽天市場にはもともとポイント制度があり、通常100円あたり1ポイントが付与される仕組みになっています。貯まったポイントは商品の購入に充当できますから、これは顧客の囲い込みにつながりますし、ポイントをうまく宣伝すれば販促効果も得られます。しかし、ポイントが使われた段階で、これは事実上の値引きと同じ効果をもたらしますから、売る側にとっては利益の減少要因です。

楽天は、通常ポイントの運用に加え、楽天カードを利用すると追加でポイントを付与したり、期間限定でポイントが数倍になるといったキャンペーンをおこなってきましたが、

ＳＰＵはこれをさらに拡充したものです。

ＳＰＵでは、注文をアプリ経由にする、プレミアムカードを利用する、電話サービスの楽天モバイルに加入するなど、あらかじめ決められた条件を満たした場合、通常ポイントとの比較で最大7倍（のちに8倍に拡大）のポイントを付与します。

楽天はこのキャンペーンに多くの費用を投じており、これが利益を押し下げているのです。２０１６年12月期における営業利益の減少分の多くは、こうした販促費だと思ってよいでしょう。

つまり楽天は、出店者のＥＣ事業を伸ばすため、コストをかけて販促活動をおこなっているわけですが、見方を変えれば、**ＥＣ事業での売上高を確保するため、消耗戦をおこなっている**ともいえます。

楽天がここまで必死になっているのは、当然のことながら、アマゾンの追い上げが激しくなっているからです。

楽天とアマゾンのビジネスモデルの違い

楽天とアマゾンはどちらもネット通販企業であり、お互いが最大のライバルとなっていますが、ビジネスに対する基本的な考え方は正反対といってよいほど違います。**楽天とアマゾンは似たようなビジネスをしているにもかかわらず、まったく異なる企業**なのです。楽天に対して投資を検討する投資家は、楽天とアマゾンの本質的な違いについてよく理解しておく必要があるでしょう。

先ほども説明したように、楽天とアマゾンでは、誰からお金をもらうのかという点において本質的な違いがあります。

楽天は出店者からお金をもらうというビジネスですので、**楽天の直接的な顧客は消費者ではなく出店者**です。

一方の**アマゾンは、自社が直接商品を販売しますから、直接的な顧客は消費者**です。アマゾンにも出店者による販売システムがありますが、アマゾンの物流システムとの連携が強く、自社販売にかなり近いと考えてよいでしょう。

両社の違いは、じつはとても重要です。特に日本人は「利益相反」という概念が薄く、両社の違いについてピンとこない人も多いのですが、**この違いはビジネスのあり方に決定的な違いをもたらす**可能性があるのです。

楽天にとって、お客さんは利用者ではなく出店者ですから、仮に利用者の満足度が高くない状態でも、当面の収益を確保することができます。このため、利用者の感覚と事業者の感覚が乖離《かいり》しやすくなり、**場合によっては利用者よりも、出店者側の事情が優先されやすくなります。**

一方、アマゾンは利用者と直接やりとりしていますから、利用者の満足度が下がれば、業績に直結します。出店者からお金を取る事業と、利用者から直接お金を取る事業とでは、利用者の動向に対する感覚が異なっているのです。

最終的には利用者あっての小売店ですから、顧客と直接やりとりするアマゾン型のほうが有利に思えます。それでは**なぜ、楽天は、直接顧客とやりとりしないビジネスモデルを採用したのでしょうか。**

それは成長のスピードを重視したからです。

利用者と直接向き合い、商品の選定や仕入れ、決済、配送といった業務のすべてをひとつの会社で対応することは並大抵のことではありません。一連の制度やシステムを構築するためには、かなりの手間と労力が必要となり、その結果、成長スピードが犠牲《ぎせい》になる可能性があります。

こうした作業は各小売店に任せ、**自身はサイトの構築に特化したほうが、ECサイトとしての成長スピードは高まる**はずです。

楽天があっという間に国内最大のECサイトに成長できた理由は、まさにここにあります。アマゾンはかなりの手間と時間をかけて地道に業績を拡大してきましたから、取扱高という面ではまだ楽天におよびません。

しかしネット通販が社会に定着し、インフラとして機能するようになってくると、**顧客との距離が近いアマゾンの優位性が際立つようになってきました。**

利用者密着型サービスを展開するアマゾンの猛追

アマゾンは近年、斬新《ざんしん》なサービスを次々と繰り出しています。

2015年に開始した「プライムナウ」は、年会費3900円のプライム会員を対象に、アプリを通じて注文した商品を1時間以内に配送するという即時サービスです。

2016年には、自社で直接販売しないマーケットプレイスの商品についても「お急ぎ便」で受け取ることができる新サービス「マケプレプライム」をスタート。2017年にはプライムナウのサービスを拡充し、三越日本橋本店、マツモトキヨシなどの商品も即時配達サービスの対象としました。

同じタイミングで、野菜や果物、鮮魚など生鮮食料品を配送する「アマゾンフレッシュ」も開始するなど、便利なサービスが目白押しです。

さらに米国では、購入前の服を自宅で試着できるという「プライム・ワードローブ」というサービスをスタートさせています。

気に入った服を注文すると、専用ボックスで商品が送られ、利用者は自由に試着し、気に入らなかったものは、同じボックスに入れて返送することができます。返送料は無料で、気に入った商品の購入代金だけが徴収されます。

しかもアマゾンは、ＡＩを使った会話型スピーカーである「エコー」も提供しています。エコーとアパレルを組み合わせ、自身の写真をＡＩが分析し、自分に似合った服を自動的に選別する機能も近く提供する予定です。

アマゾンは、AIを駆使し、利用者の生活をまるごとカバーすることで、顧客を一気に囲い込もうとしています。こうしたやり方には好き嫌いがあると思いますが、すべてを任せたほうがラクでよいと考える利用者はかなりの数にのぼるでしょう。

アマゾンが巨費を投じて、自社運営の物流センターや配送網を構築しているのは、こうした**利用者密着型サービスを実現するため**です。

楽天の場合には、出店者の理解と協力を得る必要がありますから、アマゾンのように迅《じん》速《そく》に新サービスを提供することができません。**楽天のかつての強みは、場合によっては弱点になりつつある**といっても過言ではないでしょう。

既存顧客を囲い込む保守的経営になるか

アマゾンからの猛追を受けている楽天ですが、同社には今後、どのような選択肢《し》が残されているのでしょうか。また、楽天への投資を検討している投資家は、楽天についてどう評価すればよいのでしょうか。

楽天には、大きく分けて2つの選択肢があると考えられます。

①完全にアマゾン型ビジネスに舵を切り、アマゾンと同じ土《ど》俵《ひょう》で闘う積極的な戦略

②アマゾンとの競争をあきらめ、従来の顧客の維持に専念する保守的な戦略

楽天がアマゾンと同じ土俵で闘う（①のシナリオ）ためには、これまで出店者ごとにバラバラだった物流システムや販売プロセスを統一する必要があります。ある意味では**ビジネスモデルの抜本的な改革となりますから、かなりの決断が求められる**でしょう。特に物流センターや配送網の整備には、巨額の投資が必要です。

これに加えて楽天は、高度なＡＩの技術も獲得《かくとく》する必要があります。**アマゾンのＡＩ開発力は世界トップレベル**であり、これに対抗するためには、中途半端な方法を選択することはできません。

あくまでたとえ話ですが、国内最大のメッセージングサービスを提供し、高度なＡＩ開発力を持つ**ＬＩＮＥと合併するくらいの大胆な経営判断が必要**となるかもしれません。

しかし、こうした決断には当然、リスクがともなうことになります。

楽天社長で同社創業者の三木谷浩史《みきたにひろし》氏は起業家ですから、本来であれば、こうしたリスクテイクは得意なはずですが、現時点ではそうした兆候《ちょうこう》は見られません。このシナリオはあくまで大穴《おおあな》狙いということになるでしょう。

現時点でもっとも有力なのは、②の保守的な戦略を採用するパターンです。

楽天はネット通販の老舗ですから、幅広い利用者層を持っています。アマゾンの利用者はどちらかというと若い年齢層に偏っていると考えられますが、楽天には60代の利用者がたくさんいます。

新聞をはじめとするオールドメディアも同じ状況ですが、日本は高齢化が進んでいますから、中高年は今後、さらに長生きすることになります。

高齢者には自分が慣れ親しんだインフラからなかなか離れないという特徴がありますから、新聞を読む習慣を身につけた中高年は、おそらく一生、そのライフスタイルを維持するでしょう。その結果、**同じような消費が長期にわたって持続することになる**わけです。

世の中では新聞離れが進んでいるといわれますが、それでも既存の新聞社がそれなりの経営をつづけることができるのは、同じような消費を継続してくれる高齢者に支えられているからです。

楽天もたとえは悪いですが、新聞業界のように、**新しい顧客層はあえて無視し、既存の顧客層を囲い込むことで、長期にわたって売上高を確保できる可能性**があります。

既存顧客を対象とした深掘りですから、高いリスクを取る必要もなく、安定したビジネスが期待できます。

楽天の将来評価

数字（財務）
これまで好業績が続いてきたが、昨年あたりから収益力の低下が目立つ
ポイントを使ったキャンペーンが利益を押し下げている
楽天の顧客は利用者ではなく、出店者であるという点には注意が必要
市場（マーケット）
ネット通販の市場はAI型と従来型に分離しつつある
アマゾンはAI化を急速に進めているが、楽天にはその気配がまったくない
シナリオ
楽天がAI化でアマゾンに対抗する可能性は低い
既存顧客層を囲い込む保守的な戦略に傾きつつある
安定銘柄としては投資対象となるが、株価の高騰は期待できない

公共セクターのような一種の安定銘柄として楽天を見た場合、意外と魅力的な投資対象かもしれません。

ただ、公共セクターの銘柄は安定している分、高い株価の上昇は見込めません。楽天については、こうした銘柄として投資を検討するなら、配当方針などに注目していく必要がありそうです。（楽天は本書執筆後の２０１７年12月14日に携帯電話事業への参入を表明しました。財務状況に変化がありますが、楽天に対する基本的な評価は変わりません）

三菱ＵＦＪフィナンシャル・グループ
――コスト削減で利益拡大を狙う

三菱ＵＦＪフィナンシャル・グループ（ＭＵＦＧ）は日本の三大メガバンクのひとつで、株式投資の世界においても、機関投資家をはじめ、あらゆる投資家がポートフォリオの中心に据《す》えてきた主力銘柄です。

時価総額も大きいため、ＴＯＰＩＸ（東京株価指数）への影響力は絶大です。三菱ＵＦＪは、日本の株式市場の動きを決定づける中核銘柄のひとつと考えてよいでしょう。

しかしながら、三菱ＵＦＪをはじめとする**メガバンクの経営は岐路に立たされています。**その理由は、日銀の量的緩和《かんわ》策によって空前の低金利がつづき、銀行の収益が圧迫されているからです。

メガバンクは手数料収入など融資以外の収益源を拡大したり、海外の金融機関を買収するなど、**融資依存型ビジネスからの脱却**を進めています。メガバンクへの投資はこのあたりについてどう評価するのかがポイントとなりそうです。

量的緩和策によって利ざやが急激に縮小

三菱ＵＦＪフィナンシャル・グループの２０１７年３月期の決算は、経常収益が５兆９８００億円、経常利益が１兆３６００億円で、２年連続の減益となりました。

銀行の決算は他とは異なり、経常収益と経常利益、当期利益で構成されており、営業利益がありません。したがって**銀行の場合には、経常収益と経常利益を中心に決算を見ること**になります。

三菱ＵＦＪは２０１５年３月期までは順調に業績を拡大してきましたが、２０１６年３月期に経常利益が減益となり、２０１７年３月期も同じように利益が減っています。経常収益は拡大していますから、**あまり儲からなくなっている**わけです。

これは三菱ＵＦＪ特有の現象ではありません。

三井住友フィナンシャルグループの２０１７年３月期決算は、わずかに増益でしたが、前期は大幅な減益となっています。みずほフィナンシャルグループも三菱ＵＦＪと同様、

三菱UFJフィナンシャル・グループの業績推移

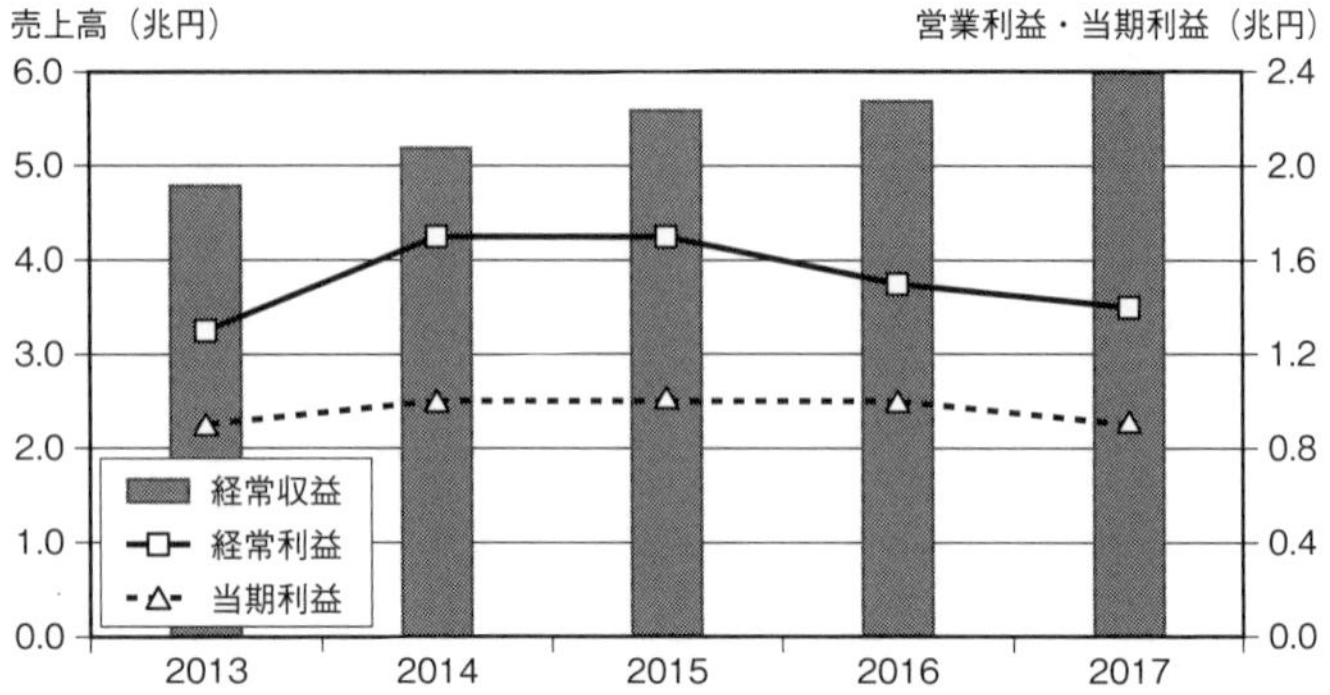

（百万円）

	2013	2014	2015	2016	2017
経常収益	4,763,225	5,176,102	5,638,402	5,714,419	5,979,568
経常利益	1,344,176	1,694,820	1,713,001	1,539,486	1,360,767
当期利益	852,623	984,845	1,033,759	951,402	926,440

2期連続の減益でした。

メガバンク各行に共通しているのは**「利ざや」の縮小**です。

利ざやとは銀行が貸し出す金利と、預金者に支払う金利との差のことを指します（預貸金利回差）。銀行は低い金利でお金を預金者から集め、高い金利で融資して、その差分を利益としています。この差分が限りなく縮小しており、銀行が融資で儲からなくなっているのです。

原因となったのはいうまでもなく、日銀による量的緩和策です。

量的緩和策は、日銀が積極的に国債を購入するという政策ですから、国債の価格は上昇し、逆に金利は低下していきます。預金者への金利はゼロ以下にはできませんから、金利が下がると銀行の利ざやは縮小することになります。

各行の利ざやは三菱ＵＦＪと三井住友が１％程度、みずほが０・９％程度となっており、この数字は小さくなる一方です。**１％を切ってしまうと、もはや融資ビジネスは成り立ちにくい**と考えてよいでしょう。

新たな収益源探しに四苦八苦

金利に代わる収益源として期待されているのが手数料収入です。しかしながら、手数料収入は、取引が多ければ増加し、取引が少ないと減少するという特徴があります。

要するに手数料収入というのは、経済全体の動きに大きく左右されるわけです。消費が冷え込み、設備投資も活発にならない状況では、**手数料収入を飛躍的に伸ばすことは困難**です。

そのようななか、**各行の利益の源泉となっているのは海外部門**です。

三菱ＵＦＪフィナンシャル・グループの中核銀行である三菱東京ＵＦＪ銀行の業務利益

約1兆8000億円のうち、海外部門によるものは約8000億円に達しており、同行の稼ぎ頭《がしら》となっています。

三井住友銀行も業務利益の約30%、みずほ銀行は約35%が海外部門によるものです。

しかしながら、邦銀の場合、欧米の銀行と同じようなレベルで海外展開することはあまり現実的ではなく、**これ以上、海外部門の収益に依存することはリスク要因**となります。

当分のあいだ、低金利がつづく可能性が高いことから、各行は次の収益源をどう確保するのか頭を悩ませているわけです。

利益拡大の柱はコスト削減

銀行が、今後の利益拡大の柱と位置づけているのは、少し後ろ向きな話ですが、コスト削減です。**邦銀の高コスト体質**は以前からよく知られており、**これをスリム化することによって、じつはかなりの利益を捻出《ねんしゅつ》できる**のです。

メガバンク各行は、このところ「フィンテック（金融とＩＴの融合）」に積極的な姿勢を見せており、「ビットコイン」とは異なる独自のデジタル通貨の開発を進めています。

じつは、**一連のフィンテックへの取り組みも、コスト削減策という側面がある**ことを知っておく必要があります。

当面の業績という点では、経営のスリム化をどれだけ達成することができたのかで、各行に差が出てくることになるでしょう。

三菱ＵＦＪフィナンシャル・グループは、コスト削減策として情報システムに目をつけています。２０１７年、**グループ内の情報システムをアマゾンのクラウドサービスに移管する方針**を示し、大きな話題となりました。

クラウドとは情報システムを自社で所有するのではなく、システム会社がネットワーク上に構築したコンピュータシステムを、必要に応じて利用する形態のことです。

三菱ＵＦＪがクラウドへの移管を検討していることは、関係者のあいだでは２０１６年頃から知られていましたが、わざわざ目立つようにアナウンスしたことにはそれなりの意味があると考えるべきでしょう。

おそらくは、銀行のシステム構築を請け負うシステム会社に対する強いメッセージです。

各社の資料などから筆者が推定したところでは、**メガバンク各行は、平均すると約１５００億円程度の費用を情報システムに投じています。**

たとえば三菱東京ＵＦＪ銀行の経費総額は年間１兆７００億円ですが、このうち人件費は約４０００億円、残りの６７００億円は人件費以外の経費となっています。システム経費が１５００億円と仮定すると、**人件費以外の経費のうちシステムが占める割合は22％と**いうことになります。

システム費用というのは、銀行の経営状態にかかわらず、必ず支払う必要がある経費です。つまり完全な固定費ということになりますから、銀行にとってきわめて重い負担となるわけです。

クラウド解禁で負担軽減なるか

銀行の情報システムは、長年、信頼性第一という観点から、勘定系《かんじょうけい》（預金や送金など各種取引を管理する中核システム）を中心に、大型汎用機《はんようき》（メインフレーム）が用いられてきました。

メインフレームは非常に信頼性が高いコンピュータですが、コストがきわめて高いという難点があります。

最近ではパソコンの性能が向上したことから、パソコンの設計手法を用いたシステムを構築するケースも出てきていますが、それでも**銀行のシステムは別格とされ、信頼性維持のために多額のコストが費やされています。**

しかしながら、こうした設備負担はいまの銀行にとっては荷が重すぎます。

三菱ＵＦＪでは当面、勘定系システムをクラウドに移管する予定はないとしていますが、一方で、**勘定系の移管についても検討の対象外にはしないとも明言**しています。とりあえず勘定系以外のシステムがクラウドに移管されただけでも、コスト削減効果は相当なものとなるでしょう。

三菱ＵＦＪは、アマゾンへの移管をあえて強調することで、取引しているシステム会社に対して、コストパフォーマンスの高いシステムを構築するよう、暗に要請しているとも解釈できます。

以前はクラウドについてセキュリティ上の懸念《けねん》を指摘する声が大きく、あまり普及が進んでいませんでした。しかし、クラウドの利用が一般的になるにつれて、採用に踏み切る企業が増えてきました。

また、システム会社の技術も向上し、従来型システムと変わらないレベルのセキュリティを実現できるようになっています。

クラウドの信頼性が向上したいま、銀行にとってみればクラウドなのか、そうでないのかということはそれほど重要な問題ではなくなりつつあります。**コスト削減を最優先にクラウド化を真剣に検討する段階に入った**わけです。

こうした観点で金融業界を眺《なが》めてみると、最近、話題となっている銀行によるデジタル通貨開発も同じ文脈で理解することができます。

デジタル通貨の目的もコスト削減

三菱東京UFJ銀行は、2017年5月から、**自社で開発したデジタル通貨「MUFGコイン」の実証実験を開始**しています。

スマホにアプリをインストールすれば、ネットバンク経由でコインを瞬時に送金できるというもので、少額決済分野での普及を見込んでいるようです。三井住友やみずほも同様の開発をおこなっています。

MUFGコインは、既存の通貨をベースに1コイン＝1円で交換するだけであり、それ自体に貨幣的価値が生じているものではありませんから、厳密には通貨と呼ぶことはできないかもしれません。

自由に送金ができるという点では目新しいのかもしれませんが、Ｓｕｉｃａ《スイカ》など一般的な電子マネーと大きな違いはありません。各行が独自に開発を進めていますから、少なくとも3種類の銀行系デジタル通貨が出てくることになり、仕様を統一することはむずかしいでしょう。

そうなってくると、銀行系のデジタル通貨を、社会において独占的な地位を占めるまでに普及させることはむずかしいという結論になります。おそらくは、各行のサービス圏内で普及する限定的な通貨となる可能性が高いでしょう。

重要なのは、このような電子マネーをわざわざメガバンクが開発した理由です。

これらの電子マネーには、「ブロックチェーン」などのデジタル通貨に使われる技術が応用されており、きわめて低コストでの運用が可能となっています。当然、顧客から得られる手数料収入もきわめて少額なものとなり、銀行の収益を逆に低下させてしまう可能性すらあります。

しかし、メガバンクの本当の狙いが、電子マネー関連のビジネスで得られる利益ではなく、肥大化した情報システムのスリム化にあるのだと考えれば辻褄《つじつま》は合います。

現在の銀行は、どんな取引もすべて同じ勘定系システムで取り扱っています。

ここにデジタル通貨が普及してくれば、**金額が小さく、顧客にとっての重要度が低い取引については、デジタル通貨のシステムに移管**することができます。

つまり、**重要な決済業務をになう高コストな勘定系システムを大幅にスリム化することが可能**となるのです。むしろこの部分こそが、銀行の経営にとって重要な役割を果たすことになるでしょう。

経営スリム化の3ステップ

銀行は空前の低金利という市場環境を前に、収益の伸び悩みに直面しています。各行は海外展開を積極化していますが、それにも限界はありますし、そもそも邦銀が、海外でのビジネスに主軸を移すことは困難です。

そうなってくると今後の収益のカギとなるのは、どれだけ経営をスリムにするのかというコスト削減策ということになってきます。

経営のスリム化は以下の３ステップで実施される可能性が高いでしょう。

①肥大化した情報システムの整理
②デジタル通貨の導入
③人件費カット

最初に手をつけるのは、①肥大化した情報システムの整理です。

先ほど説明したように、三菱ＵＦＪをはじめとするメガバンク各行は、年間１５００億円以上の費用を情報システムに投じています。一部のシステムをクラウドに移行したり、より安価なシステムを再構築することで、年間の経費を大幅に削減することが可能です。

次の段階は②デジタル通貨の導入です。

銀行がわざわざ独自のデジタル通貨を開発する目的のひとつは、勘定系システムをコンパクトにすることだといわれています。少額決済のシステムが別のシステムに移管されれば、情報システムのコストはさらに引き下げられるでしょう。

それら一連の施策と並行して、**銀行は店舗の運営コスト引き下げを進めていく可能性が**

高いと考えられます。

零細《れいさい》な取引をデジタル通貨に移管した場合、削減できるのはＩＴコストばかりではありません。各地域にある店舗の運営コストも、大幅に引き下げが可能となるのです。

日本は先進諸外国に比べて、現金の流通比率がきわめて高いという少々ガラパゴスな市場環境にあります。このため各店舗では大量の現金引き出しに備え、相応の体制が組まれているわけですが、これが銀行の収益を圧迫する要因となっています。

現金取引の比率が低下すれば、店舗をコンパクトにすることができ、ここでも大幅なコスト削減が可能となります。

コスト削減の最終段階は、やはり③人件費カットでしょう。

情報システムがスリム化され、少額決済がデジタル通貨に移管されることになると、店舗ではそれほど多くの人材を必要としなくなります。

一部では具体的な数字が明らかにされていますが、今後、**各行が大規模な人員削減に乗り出すことはほぼ確実**といわれています。銀行マンにとっては受難の時代ですが、一方で彼らは高給取りとしても知られてきました。

ＩＴのコスト削減、店舗のコスト削減、人員削減など、一連の施策を組み合わせることで、各行はとりあえず、年間1000億円程度のコストを削減できると考えられます。仮にこれが実現しただけでも、銀行の最終利益は大幅に増加するでしょう。

たとえば**三菱UFJの場合、グループ全体として10%以上の当期利益増加が見込めることになり、**PER（株価収益率）が同じ水準と仮定した場合、**約1兆円の時価総額増大につながります。**

このシナリオの実現性が高いと判断できるのであれば、かなり堅実な投資案件になるかもしれません。

ちなみに、銀行は国内銘柄のなかでは配当利回りが高いことで知られています。それは株価が安いことの裏返しなのですが、現時点ではコスト削減策をメインシナリオに投資をスタートし、**配当が維持されたまま株価が上がれば、長期保有の銘柄としては理想的な状況となります。**

安定的な投資対象としては、やはり銀行株は魅力的な存在といってよいかもしれません。

三菱ＵＦＪフィナンシャル・グループの将来評価

数字（財務）
量的緩和策による低金利で利ざやが急激に縮小
手数料収入も伸びず、業績が悪化している
業績低迷は三菱UFJだけの問題ではなく、業界全体も同じような状況
市場（マーケット）
海外展開に力を入れているが、邦銀の場合、海外進出にも限度がある
フィンテックの進展で銀行をとりまくビジネス環境が大きく変わっている
当面は大胆なコストカットが市場の注目点
シナリオ
情報システム経費を削減することで当面の利益を捻出
店舗コストの削減でさらに利益を上乗せし、最終的には人員削減に踏み切る可能性が高い
コスト削減の実行力が評価ポイント

ソニー――もはや総合メーカーではない企業の行方

ソニーは長いあいだ業績不振がつづき、かつての輝きを完全に失っていましたが、このところようやく復活の兆《きざ》しが見えています。メディアでは「ソニーV字回復」といった文字が躍《おど》っていますが、一方で、同社の完全復活については懐疑的な意見があるのも事実です。

たしかに一時期に比べると業績はよくなりましたが、これは各部門のコスト削減の結果であり、新しいビジネスモデルが提示できたわけではありません。言い方は悪いですが、**ソニーのビジネスモデルはいまだに昭和時代のままであり、この体制でAI時代に対応できるのかは微妙**なところでしょう。

ソニーは他社と大きく異なり、グローバルに通用する数少ない日本企業のひとつです。海外投資家の関心も高く、その株価は海外投資家の動向にも大きく左右されます。

もともと株価に対する期待値が高い会社ですから、そのソニーが「普通の会社」になってしまうことは、それだけで株価の下落要因です。このあたりをどう評価するのかがポイントとなるでしょう。

業績低迷、増資反発、株価急落と混乱がつづいた

ソニーの2017年3月期の業績は、売上高が約7・6兆円、営業利益は約2900億円となっています。

ここ数年、ソニーはリストラの連続という状況でした。現社長の平井《ひらい》一夫《かずお》氏がトップに就任する直前の2012年3月期決算では、なんと4500億円の赤字を計上し、市場の一部からは存続を危ぶむ声も出るありさまでした。

平井氏は不採算事業の整理に着手し、まずは各部門がそれぞれ利益を出す体質への転換を試みましたが、なかなかうまくいきませんでした。

ソニーはVAIOのブランドで知られるパソコン部門をファンドに売却したほか、テレビ部門を分社化、さらに品川区にあったかつての本社ビルやニューヨークのビルも売却。

ソニーの業績推移

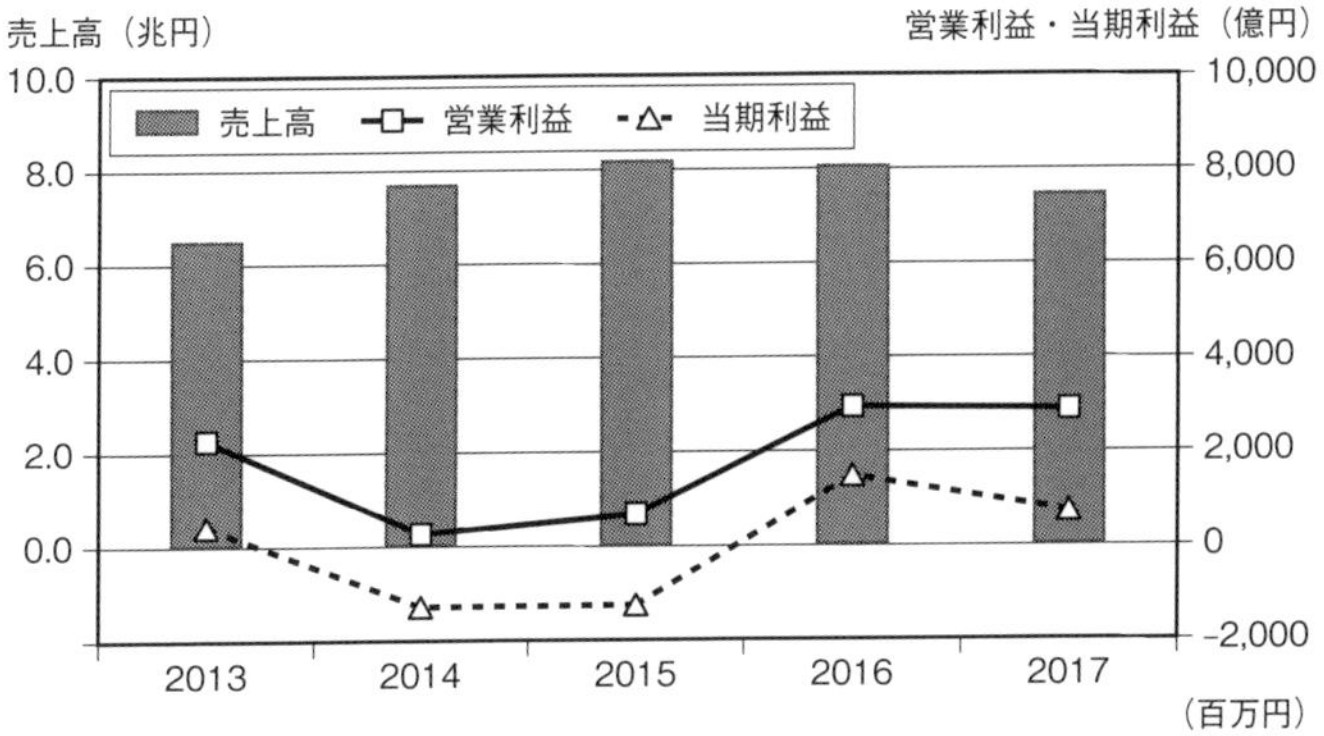

（百万円）

	2013	2014	2015	2016	2017
売上高	6,795,504	7,767,266	8,215,880	8,105,712	7,603,250
営業利益	226,503	26,495	68,548	294,197	288,702
当期利益	41,540	-128,369	-125,980	147,791	73,289

人員整理も実施して、スリム化を進めてきました。

しかし業績は安定せず、２０１４年３月期と２０１５年３月期に連結して１２００億円規模の赤字を計上。２０１４年３月期の業績見通しについては、何度も下方修正をくり返すなど、かなりの混乱ぶりを示していました。

株主からの不満の声は高まる一方で、業《ごう》を煮やした海外の投資ファンドが分社化を提言する騒ぎもありました。ソニーが財務体質の強化のために実施した増資も、株主からの評判はよくありません。

２０１５年６月に公募増資などによる最大４４００億円の資金調達を発表したのですが、その発表を受けた**ソニー株はたちまち売られ、一時、10％近くも下落**するという騒ぎとなりました。

株価が大幅に下落したのは、増資による希薄化を投資家が懸《け》念《ねん》したからです。

当時、ソニーの自己資本は３兆円ほどでしたが、増資によって自己資本は最大で10％以上、増える可能性がありました。しかし、株式数が増えた分だけ、既存株主の議決権の割合や、受け取る配当の金額が減ってしまいます。増資を受けての下落は希薄化の分がそのまま反映されたと考えてよいでしょう。

もちろん増資で希薄化するといっても、増資によって業績が拡大し、配当も増えるのであれば、なんら問題はありません。ソニーが急成長していれば、増資は非常に前向きなニュースとして受け止められていたかもしれません。しかし、今回はあまりにもタイミングが悪すぎました。

２０１４年と２０１５年に連続して**巨額損失を計上し、業績回復の見通しがはっきりしていない状況での増資となったことから、投資家の疑心暗鬼が大きくなってしまった**のです。

しかもこの増資が発表されたのは、株主総会の開催直後であり、あえて株主総会を避けて発表したのではないかという批判の声も聞かれました。総会で増資の意義をしっかりと説明し、投資家が納得したうえでの正式発表であればまだよかったのですが、ＩＲ（投資家向け広報）という観点からもかなり問題があるといわざるを得ません。

コスト削減で利益捻出、いまだリストラ途上

いろいろと紆余《うよ》曲折があったものの、一連のリストラ策がようやく功を奏し、２０１６年３月期からは３０００億円近い営業利益を確保できるようになりました。

しかし**２０１７年３月期は減収減益になるなど、まだリストラの途上である**ことをうかがわせます。２０１８年３月期以降については、ソニーは強気の見通しを示していますから、もしその数字が実現するなら、７年かかっての復活劇ということになります。

しかしながら冒頭でも述べたように、**ソニーの現状はコスト削減を徹底し、経営をスリム化して利益を捻出《ねんしゅつ》した状態にすぎず、本当の意味で攻めの経営に転じたわけではありません。**

ソニーに対して投資を検討する場合には、今後の成長シナリオをどう評価するのかによってそのスタンスは大きく変わってきます。

あらためてソニーというのがどのような会社で、今後、どのような選択肢があるのか考察してみたいと思います。

ドメスティック戦略か、アップル化戦略か

かつて日本の製造業が高い競争力を持っていた時代、電機メーカー各社は、圧倒的な魅力を持つ大ヒット商品を投入することで、高い利益率を狙う戦略を採用していました。

ソニーはこうした戦略をもっとも先鋭的に追求した企業であり、代表的な製品であるウォークマンはその典型例といってよいでしょう。

しかし、時代が変わってインターネットが主役となり、モノからサービスへと付加価値がシフトするなか、日本メーカーは急激に競争力を失いました。

技術というものには寿命がありますから、どんなに高度な新技術であっても、いつかは後発の新興国にキャッチアップされ、その分野の製品はコモディティ化してしまいます。

この厳しい現実は、日本メーカーがかつて躍進していた時代を振り返れば明らかです。**昭和の時代、後発である日本メーカーの追い上げによって、欧米の電機メーカーの多くが倒産に追い込まれました。まったく同じことを、中国や韓国、東南アジアのメーカーがおこなっているにすぎません。**

こうした市場環境では、ハード中心の電機メーカーには2つの選択肢が残されます。

①白物家電や住設機器など地域依存性が高い製品にラインナップを絞り、ドメスティックな企業として生き残る戦略

②インターネットを主戦場にし、ソフトウェアやサービスにシフトする戦略

日本メーカーの追い上げで米国の電機メーカーが消滅したと先述しました。が、①の戦略をとった冷蔵庫やエアコンを製造する米国企業は、いまでもしっかりと利益を出しています。

②の戦略は、要するにアップルやグーグルになるというシナリオです。

当然のことながら、②のほうが圧倒的に儲かりますが、これは誰にでも選択できるシナ

リオではありません。きわめて高い技術力とブランド力がなければ実現することは不可能です。

事業構成がアンバランス

日本メーカーのなかで、唯一《ゆいいつ》、アップルやグーグルになることができると市場で認識されていたのがソニーでした。

というよりも、インターネットの普及が加速した2000年前後において、現在のアップルのようなビジネスモデルを実現するのはソニーである、と世界の投資家の誰もが考えていました。

ソニーはデバイスを開発する高い技術力と圧倒的な知名度があり、パソコンの分野でもシェアを伸ばしていました。またグループ内にグローバルに通用するゲーム機メーカーや、コンテンツ企業を擁《よう》しており、あとはデバイスとコンテンツをうまく融合するだけという状況だったのです。

一方、アップルはただのパソコンメーカーであり、コンテンツ業界とは無縁でした。当時はデバイスの開発能力もなく、ソニーと太刀打ちできる状況ではなかったのです。

ところが、現実にハードとコンテンツを融合させたｉＴｕｎｅ《アイチューン》を世に出したのはアップルであり、ソニーは自社に宝の山を抱えながら何も行動を起こさず、１００年に一度の巨大なビジネスチャンスをみすみす逃してしまいました。

一方、パナソニックは従来型の製造業にこだわりつづけ、一時期は巨額損失を出しましたが、縮小均衡《きんこう》で復活しています。

パナソニックは、いまとなっては、なんの変哲もない「普通の地味なメーカー」でしかありませんが、投資という観点ではこれもひとつの大事な戦略です。

ここで問題となるのがソニーです。

残念ながらソニーは戦略を根本的に誤り、アップルになるという歴史的チャンスを逃しました。しかしながら**ソニーというのは異様にプライドの高い会社で、パナソニックのように、地味なメーカーになるという決断もなかなかできません。**

結局のところ、パナソニックと同様、巨額損失が相次ぎ、縮小均衡という現在の路線を選択せざるをえませんでした。

ソニーはグループ内に**コンテンツ部門**があり、これは現在でもグローバルに通用する価値があります。一方で、あまり特徴がなくなった**AV機器部門**や価格競争力を失った**デバイス部門**が併存している状態であり、**事業構成のバランスが取れていません。**

このあたりをどう評価するのかが、ソニーへの投資では重要となってくるでしょう。

分社化すれば高成長は見込めるが……

ソニーに対しては、諸外国の機関投資家から何度も分社化を要求する声が出ています。いまのソニーは異なる部門が集まっているだけの状態であり、総合メーカーとして活動しているメリットがありません。しかも、各部門の知名度や競争力には大きな差があり、事業構成がアンバランスです。

投資家からのこうした声に対して、ソニー側はあくまで総合メーカーの強みを生かすというスタンスを強調していますが、具体的な戦略は提示されていない状況です。

2017年3月期において、もっとも収益に貢献した部門はゲーム機で売上高が約1兆6000億円、部門利益は1400億円でした。2番目は金融で売上高は約1兆円、部門利益は1600億円となっています。

一方、AV機器や半導体は7000億円から1兆円の売上高がありますが、利益にはほとんど貢献していません。映画と音楽などコンテンツの売上高も大きく、1兆6000億円ほどの規模がありますが、映画部門の損益は赤字でした。コンテンツは収益のブレが激しいですから、儲かるときは儲かり、ダメなときはダメと認識すべきビジネスです。

このようにして眺めてみると、**ソニーは金融とゲームという、まったく関係のない2つの部門で稼いでいる企業であり、いわゆる総合メーカーとはいいがたい**状況です。

海外投資家が主張するように、**それぞれを分社化し独自路線を歩ませたほうが、業績がよくなる可能性は高い**でしょう。

ソニーに対する投資は、同社が今後、どのような方向に進むのかに賭けるやり方にならざるを得ません。

もし**現状のままスリム化路線をつづけるということになった場合、**業績はそこそこで安定する可能性が高いですが、**大きな成長は見込めません。**株価の上昇も業績相応となり、高いパフォーマンスは狙いにくいでしょう。

ソニーは2017年9月に電池事業を村田製作所に譲渡するなど、引きつづきスリム化をつづけています。2018年3月期は営業利益が5000億円になる見込みとなってお

ソニーの将来評価

数字（財務）
5年かけてようやくリストラにメド
来期は最高益を更新する見込みだが、あくまでコスト削減の結果でしかない
今後の戦略は提示されていない
市場（マーケット）
本来、現在のアップルになる企業はソニーだった
ソニーには競争力のある部門がまだ残っているので、市場は分社化を求めている
分社化すれば、個別企業の業績は上向く可能性が高い
シナリオ
現在のところソニーは総合メーカーとしての立場を堅持する方針
このままでは好業績を継続するのはむずかしい
配当の増額など資本政策の転換が必要
分社化に賭けるのもひとつの方策

り、利益体質に変わってきていることは間違いありません。

配当を増額するような資本政策に転換すれば、株価はもう一段の上昇が期待できるかもしれません。

もうひとつのシナリオはやはり分社化でしょう。

分社化が現実的な話題になってきた場合、高収益部門の成長性に対する期待から、**ソニーの株は買い進まれる可能性があります。**これは期待を背景にした株価の動きですから、ファンダメンタルをベースにした着実な投資とはいえません。

しかし投資にはこうした側面があるのも事実で、分社化という材料に賭けるのもひとつの考え方です。

ヤマトホールディングス——運送業は人手不足から人余りへ

ネット通販が社会に普及したことで、もっとも大きな影響を受けたのは、運送業界かもしれません。

特にヤマトの場合、アマゾンの配送の多くを引き受けていたことから取扱量が急増し、業務が回らなくなるという事態におちいりました。残業代未払いという問題も発生し、働き方改革という部分でも注目を浴びる結果となっています。

一般的に運送業界は人手不足が激しいといわれています。ヤマトの業務が回らなくなったのは、人手不足にもかかわらず、アマゾンなどネット通販事業者が大量の配送を委託したことが原因と認識されているようです。

たしかに直接的な原因はネット通販の増加なのですが、事情はもう少し複雑です。**メディアで一般的に語られる常識は一度捨て去り、運送業界を取り巻く状況について冷静に分**

析する必要があるでしょう。

うまくシナリオを立てることができれば、運送業界は積極的に投資する価値のある業界かもしれませんし、もしかするとその逆かもしれません。

売上高が拡大しても利益が伸びない理由

ヤマトはこれまでネット通販拡大の恩恵を受けて業績を伸ばしてきました。２０１３年３月期に１兆２８００億円だった売上高は、２０１７年３月期には１兆４６００億円まで拡大しています。

本当の意味で企業が伸びているときは、売上高と営業利益がともに増えていくのが普通ですが、ヤマトの場合はそうではありませんでした。

２０１３年から２０１４年にかけては売上高が増加したものの、その後は伸びが鈍化。２０１６年には減益に転じ、２０１７年の利益は半減となりました。

結局のところ、同社の業績は２０１３年以前の水準に戻ってしまったわけですが、**売上高が拡大しているにもかかわらず、利益が伸びていないのは、単価が安い荷物をたくさん**

ヤマトホールディングスの業績推移

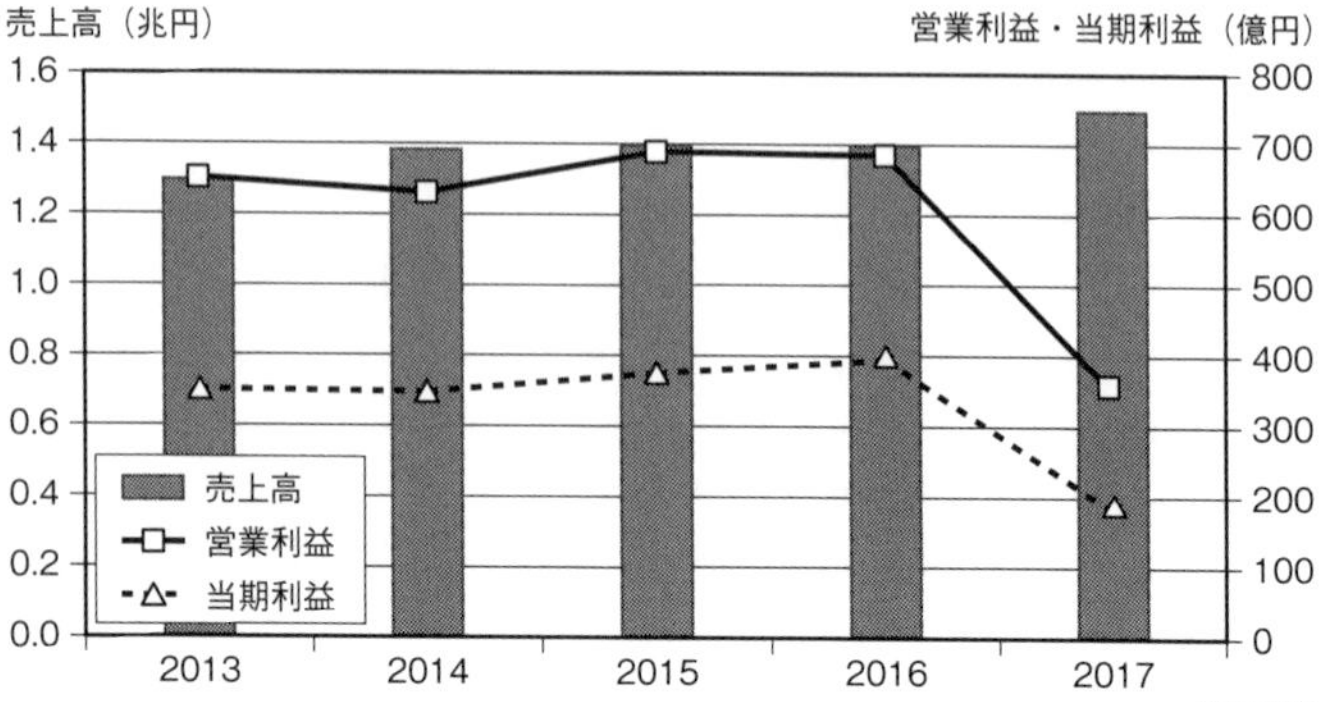

（百万円）

	2013	2014	2015	2016	2017
売上高	1,282,373	1,374,610	1,396,708	1,416,413	1,466,852
営業利益	66,202	63,096	68,947	68,540	34,885
当期利益	35,144	34,776	37,533	39,424	18,053

運ぶようになったからです。

じつは２０１３年というのはヤマトにとって非常に重要な年度でした。

当初、アマゾンは即日配送業務の多くを佐川急便に依頼していましたが、佐川が単価が安いことを理由にアマゾンから撤退したのが２０１３年です。ヤマトは佐川のアマゾンからの撤退をチャンスととらえ、積極的にアマゾンからの依頼を引き受けるようになりました。

アマゾンはヤマトに大量の配送を依頼し、一時は半分以上の荷物をヤマトが配送する状況となっていました。アマゾンからの受注増によってヤマトの業績は上向き、２０１４年には売上高が増加しています。

しかしその後は、荷物の量は増えたものの、単価は上がらず、徐々に利益率が低下。２０１７年は大幅な減益となってしまいました。

ではヤマトはアマゾンからどのくらいの単価で配送を受注していたのでしょうか。

単価設定と取扱量の見通しが甘すぎ

アマゾンとヤマトは大口契約ですので、ヤマトは定価でアマゾンの荷物を運んでいるわけではありません。定価よりもかなり安い契約になっているのは間違いありませんが、具体的な単価については非公開となっています。

しかし、各社の資料から筆者が単価を推定したところ、**ヤマトは３００円以下の単価でアマゾンの配送を請け負っていた可能性が高い**と考えられます。

小口の場合には平均すると８００円くらいですので、**通常の半額以下で仕事をしていたわけです。**この単価では高収益を維持することはむずかしいでしょう。

アマゾン側もビジネスですから、多くの荷物を依頼すれば、その分だけ値引きを求めてくることは容易に想像できます。ヤマトの経営陣は売上高の拡大ばかり考え、結果的に利益を犠牲にした可能性があります。

単価設定は運送ビジネスの根幹ですから、ヤマト経営陣の致命的な戦略ミスといってよいでしょう。

ヤマトは価格に加え、**配送数量の見通しにおいてもミスしています。**

アマゾンのような通販会社にとって、配送のトラブルは顧客満足度を下げる原因となります。場合によっては致命的な影響をおよぼすことになるため、やみくもに荷物の配送を依頼しているわけではありません。おおよその数量見通しを示したうえで、単価について運送会社と交渉していると考えられます。

アマゾンの荷物が急激に増えることは業界の誰もがわかっていたことであり、そうであればこそ佐川急便は利益率が下がることを危惧《きぐ》してアマゾンから撤退したわけです。

その点から考えると、**ヤマト経営陣の見通しは甘すぎた**といわざるを得ません。この仮説は、未払いの残業代問題が発生している事実からもある程度裏づけられます。

２０１３年度以降、ヤマトの取扱量は急増しましたが、人件費は取扱量の増加ほど増え

ていませんでした。運送会社の事業構造上、取扱量の増加は人件費の増加につながりますから、本来であれば人件費がもっと増えていてもおかしくありません。

おそらくですが、この2014年度、2015年度は従業員がサービス残業をすることで、増える荷物に対応していたものと思われます。

こうしたやり方が機能しなくなったのが2016年ということになりますが、それまで**サービス残業で対応していたということは、組織として十分な備えができていなかったことの裏返し**でもあります。

じつは未払いの残業代については現在も業績に影響を与えており、2017年4~6月期の決算では、未払い残業代の計上でなんと営業赤字に転落しています。この問題はしばらくのあいだ、同社にとって懸念《けねん》事項でありつづける可能性が高いでしょう。

取扱量削減と値上げ交渉はうまくいかなかった？

ヤマトの今後について理解するためには、運送業界が現在置かれている状況についてもう少しくわしく理解する必要があります。

これまで国内の小口運送事業はヤマトと佐川の2強が争う図式になっていました。両社のほかに、福山通運や西濃運輸といった大手企業や中堅中小の運送会社がたくさんありますが、ヤマトと佐川の存在感は圧倒的といってよいでしょう。

現在、運送業界は深刻な人手不足に悩まされており、ヤマトは取扱量の増加をサービス残業でカバーするという愚《おろ》かな選択をしてしまいました。

このままの状況がつづいた場合、運送会社は値上げをしやすくなりますから、利益を拡大できると思われがちですが、必ずしもそうとはいい切れません。

ヤマトは残業代の問題などを解決するため、**荷物の取扱量の削減と大口顧客に対する値上げを表明したものの、いずれも想定どおりには進まなかった**からです。

ヤマトは2017年度の取扱量について、当初の予定から8000万個削減する計画を打ち出していました。同社が配送した荷物の量（宅配便）は、2015年度が17億3100万個、16年度が18億6700万個でしたから、2016年度を基準にすると削減割合は全体の4・3％に相当します。

ところがヤマトは、早くもこの目標を撤回してしまいました。

各種報道によると、「法人など大口顧客が想定以上に値上げを受け入れたことから、取扱量の削減が進まず、年間３６００万個の削減に下方修正した」ということです。

しかしながら、この話については額面どおりには受け取らないほうがよいでしょう。

ネット通販事業者が本当に値上げを受け入れるのなら、ヤマトは取扱量を削減しても利益が出る水準まで値上げを進めることが可能となるはずです。そうなっていないということは、大口顧客との交渉が思いのほか難航している可能性を考える必要があります。

おそらくヤマトとしては、**値上げを強行すると、大量の顧客が離れる可能性があり、それほど強気に価格交渉ができなかったものと思われます。**

最終的に、ヤマトはアマゾンと4割程度の値上げで妥協《だきょう》したと報道されていますが、同時にサービス残業を防ぐため、おもに夜間を対象に1万人の増員を迫られている状況です。

結局、**量を削減できないので、増員で対応せざるを得ない状況となっている**わけです。

３ＰＬ業者と独自配送網をつくるアマゾン

ネット通販事業者はなぜ、これほどまでに強気の交渉ができるのでしょうか。

本来であれば、ヤマトや佐川といった大手に撤退されてしまうと、ネット通販業者は困った状況に追い込まれます。誰も配送してくれる人がいなくなってしまうからです。

ネット通販事業者にとっても、自社のビジネスの根幹部分を運送会社に握られてしまうことは、できれば避けたいと思っているでしょう。

運送会社の配送能力に限界が出てきているという現実に対して、ネット通販会社が出した解決策は、運送会社に頼らない独自配送網の拡大でした。

アマゾンはこのところ、3PL（サード・パーティー・ロジスティクス）企業と組んで、独自の配送インフラ構築を進めています。

3PLとは、物流網の構築を望む顧客に対して、最適な物流システムの構築をアドバイスし、場合によってはその業務の一部あるいは全部を請け負う企業のことを指します。

3PL事業者は、荷主企業から依頼を受け、物流システム全体を設計し、必要に応じて実務も請け負いますから、アマゾンなどの**荷主企業は最適化された専用物流網を短期間で構築し、実務をアウトソーシングすることができる**わけです。

アマゾンは3PL企業である丸和運輸機関と共同で配送システムの構築に乗り出しており、**個人の運送業者を組織化することで、約1000台の軽貨物自動車とドライバーを確保。近い将来は1万人体制まで人員を拡大する**としています。

最大の注目点は、ヤマトなど運送会社が撤退した業務を3PLがスムーズに受託できるのかという点ですが、業界ではそれほどむずかしくはないとの見方が大半です。その理由は、組織化するドライバーの多くが個人事業主だからです。

個人事業あるいは零細《れいさい》企業として運輸業務をおこなっている事業者は全国に16万ほど存在するといわれていますが、その多くが大手運送会社の下請け業務となっています。

大手運送会社がこうした下請けに支払う配送料はきわめて安く、なかには生活ギリギリで仕事をしているドライバーも多いといわれます。

アマゾンから提示される配送料金は、大企業のヤマトとしてはかなり安い金額かもしれませんが、**ヤマトなど大手運送事業者の下請けで苦しんできた個人事業主からすると、はるかによい条件**ということになります。

極論すると、アマゾンなどの通販会社は、運送会社の下請けで苦しんできた小規模な運送事業者のドライバーを自社に囲い込むことが可能なのです。場合によっては、こうした個人事業主の多くが、一気にネット通販側に流れる可能性もあります。

このほか、2017年3月に東証マザーズに上場したファイズのように、**アマゾンの即時配達サービスの請負いに特化した企業も登場**しています。

アマゾン1社に依存していますから投資対象としてはまだまだかもしれませんが、アマゾンのような通販事業者にとっては強い味方といってよいでしょう。

一連の状況から、運送会社はネット通販企業に対してあまり強く出られず、交渉が難航したと考えられるのです。

運送業界は今後、人余りになるかもしれない

運送会社に対する投資の是非《ぜひ》は、じつはAIの発達と、シェアリングエコノミーの普及と密接に関係しています。

近年、ＡＩの技術が急速に発達してきたことで、ＩＴシステムを使って従来よりも圧倒的に効率よく荷物を配送できる可能性が見えはじめたことがその理由です

これまでの時代は、効率よく荷物を配送するためのノウハウは、すべて配送要員個人に蓄積されていました。ある程度熟練した配送要員でなければ、多くの荷物を配送することができなかったのです。

こうしたノウハウを持つ熟練配送要員は急に増やせませんから、運送会社は荷物の増加

という事態への対応が遅れてしまうわけです。

しかし、顧客の購買履歴や属性など、いわゆる**ビッグデータをフル活用すれば、どの荷物をどの順番で運べばよいのか、AIが判断できる**ようになります。

当然のことながらAIの分析対象は、在宅の可能性や小さな路地での荷物の取り回しといったことにもおよびますから、スマホやタブレットさえあれば、新人の配達要員もベテランと同じような配送が実現できる可能性が見えてきます。

これにシェアリングエコノミーの技術が加わると、状況はさらに加速します。

シェアリングエコノミーとは物・サービス・場所などを、他人と共有・交換して利用する一連の仕組みのことです。

近年、タクシー配車のウーバーや民泊のAirbnb（エアビーアンドビー）など、シェアリングエコノミーに関するビジネスが急拡大しています。近い将来、**運送業界にもシェアリング化の波が押し寄せてくるのはほぼ確実**でしょう。

シェアリングエコノミーのインフラを使えば、アプリなどで配送業務を実施してくれる個人を広くつのり、その個人に配送を委託するシステムが構築できてしまいます。すでに米国では一部地域でこうしたシステムが稼働しています。

ヤマトホールディングスの将来評価

数字（財務）
経営陣の判断ミスと、未払い残業代などによって業績が低迷
大口顧客に対する値上げの要求で原資を確保
一方、大幅増員が必要となっておりコストは増加
市場（マーケット）
現在、運送業界は深刻な人手不足になっている
将来もこの状態がつづく保証はない
ネット通販企業は独自の配送網を構築するなど運送会社依存からの脱却を試みている
シェアリングエコノミーとAI化で運送業務が一般開放された場合、逆に余剰人員が発生する可能性もある
シナリオ
当面は値上げによる増益効果を確認するフェーズ
長期的にはシェアリングエコノミーにどう対応するのかが評価ポイント

たとえば東京から横浜に行く用事があり、小遣いを稼ぎたい人は、アマゾンなどの事業者が提供するアプリを見て、該当する荷物がないかチェックします。もし条件に合う荷物があれば、自身の移動のついでにその荷物を運び、配送料をもらうことができるわけです。

ヤマトや佐川といった大手運送事業者のきめ細かいサービスを当然視している利用者には抵抗があるかもしれませんが、これも慣れによって解消する可能性があります。

もしこうした動きが進めば、**運送事業者はむしろ余剰人員を抱えることになるかもしれません。**投資の是非はこのあたりの見通しをどう考えるのかという部分にかかってくるでしょう。

おわりにかえて——これからの時代と企業を読む

日本の産業界は、かつてない変化の時代を迎えています。

これまでも時代の流れによって、経済の主役となる企業の顔ぶれは大きく変わってきました。戦後に限定しても、鉄鋼、造船という従来型の重厚長大産業から、自動車産業へのシフトが起こり、その後は半導体企業が躍進するなど、製造業のパラダイムシフトがつづきました。

その後、日本が成熟国家になるにつれて、サービス産業の比率が高まり、経済活動において重要な役割を果たすようになっています。

しかし、これから起ころうとしている変化は、おそらく、従来とは比較にならないレベルになると考えられます。**あらゆる産業がＩＴ化することによって、ビジネスの基本的な**

構造そのものが変わろうとしています。それは日本の基幹産業である自動車も例外ではありません。

これに加えて、今後の日本は人口減少が急速に進み、人々のライフスタイルを大きく変えることになります。当然、消費の基本的なパターンも違ってくるでしょう。

投資家にとって、変化というのはチャンスでもあります。

時代の変化をうまくとらえ、適切な銘柄に投資することができれば、より大きな投資収益を得ることができます。

もちろん、これはリスクと表裏一体の関係ではありますが、**投資で巨額の財産を築いた人のほとんどは、こうした変化をうまく活用することで平均以上のリターンを実現しています。**

3つの基本を愚直に追求

どれだけ社会が変化しても、投資に関する基本的な考え方が変わるわけではありません。

時代に合った製品やサービスを提供できる企業の業績は伸びていきますから、投資家としてはそうした企業をうまく選別していけばよいわけです。

そのためには、本書で解説した、**「数字（財務）」「市場（マーケット）」「シナリオ」という3つの流れを、愚直《ぐちょく》に追求することが重要**です。

今後の日本は人口減少が進み、あらゆる業界で人手不足が深刻となります。企業によっては人材が足りず、生産を縮小せざるを得ないところが出てくるかもしれません。あるいは人材確保のコストがかさみ、利益を圧迫する可能性もあるでしょう。こうした経営環境の変化は、最終的には必ず数字に反映されます。

本書でも解説したように、**数字を見る際には、おおまかな流れをつかむことが大事**です。細かい数字とにらめっこしていても、あまり意味はありません。数字の流れを追いかけ、企業がどのような状態になっているのか推測するわけです。

人手不足のなかで企業が業績を伸ばすには、２つの方法があります。

①付加価値の高い製品やサービスにシフトし、人件費の増加を利益でカバーできるようにする

②業務プロセスの合理化によって、人手不足を根本的に解消する

日本企業はどちらかというと薄利多売を得意とするところが多いのですが、人手不足の時代にこうしたビジネスはマッチしません。①のように付加価値の高い製品やサービスにシフトするのは容易ではありませんが、これを実現できた企業は継続的な成長が可能となります。

②の方法は、具体的にはＡＩやロボットの活用ということになります。

本書ではＡＩを使った小売店の話を取り上げましたが、小売店に限らず、**営業系業務の多くはなんらかの形で自動化を進めざるを得なくなるでしょう。**関連ニュースはこまめにチェックしておいたほうがよさそうです。

もっとも影響が大きいのは製造業と金融

一方、**製造業は**サービス業よりもさらに大きな影響を受けるでしょう。自動車産業や重工業がよい例ですが、**社会のＩＴ化、ＡＩ化によって、ビジネスモデルが根本的に変わってしまう可能性がある**からです。

もし自動車産業において、ＥＶシフトと自動運転シフトが同じタイミングで発生した場合、自動車メーカーはもはや従来の自動車メーカーではなくなってしまいます。パソコンのように安価な商品となり、誰でも参入できますから、クルマというハードそのものにはほとんど価値がなくなってしまうでしょう。

一方で、クルマをシェアしたり、レンタルして乗った分だけチャージするというビジネスは急成長する可能性がありますし、自動運転システムのインフラを提供できた企業の利益はきわめて大きくなります。

既存の自動車メーカーがこうした新しい形態の自動車会社に変貌《へんぼう》するのか、それとも、グーグルのようなＩＴ企業が取って代わるのかはまだわかりませんが、市場が激変することだけは確かです。

金融業界も同じように推移する可能性があります。

フィンテックは金融業界にとってチャンスという文脈で語られることもありますが、これはあくまでも新規参入をする事業者にとってチャンスという意味です。**銀行に代表される従来型の金融業にとって、フィンテックは脅威《きょうい》**となります。

フィンテックを使うと、これまで多額のコストをかけて実施してきた融資や決済といった業務が、きわめて安価なインフラで実現できてしまいます。また、人を使ったコンサルティング営業も、多くの部分でＡＩによるサービスに置き換わってしまうでしょう。

２０１７年にはリクルートが、媒体《ばいたい》の運営で取引のある中小企業向けに融資事業を展開すると発表しています。

リクルートは『じゃらん』という媒体で旅館やホテルの予約の取次をおこなっていますから、どの旅館がどの程度、稼働率を維持しているのかという基本的なデータを持っています。ＡＩを使ってこれらのデータを分析すれば、場合によっては銀行よりも精度の高い融資ができる可能性が見えてくるでしょう。

今後はあらゆる業界で、こうした融資サービスが登場してくることになりますから、銀行にとってはまさに逆風の時代となるわけです。

すべて数字で考える

もっとも、こうした市場環境の変化を頭で理解しただけでは、投資はうまくいきません。市場環境の変化が本格的に業績に影響を与える前に投資を実行しなければ、大きな利益は得られないからです。

企業の財務や市場を分析したうえで、自分なりのシナリオを構築し、株価が動き出す前に投資を実行する――。これがまさに「リスクを取る」という行為であり、利益の源泉にもなるのです。

結局のところ、投資で成功するかどうかは、次の2つにかかってきます。

・投資のシナリオをしっかりつくれるか
・そのシナリオに沿って行動に移せるか

もちろんシナリオをつくれば必ず投資が成功するというわけではありません。しかしシナリオがしっかりしていれば、もし現実がシナリオと異なる方向に進んだ場合でも、どこで間違ったのか的確に理解することができます。

シナリオのないままに投資を実行してしまうと、自分の立ち位置がよくわからなくなり、うまくいかなかったときの対策もうまく立てられません。

プロの投資家はこのあたりがしっかりしているので、成功する確率が高くなり、軌道修正も比較的容易に実行できるのです。

シナリオをつくるときにも、数字は積極的に利用したほうがよいでしょう。

筆者自身は3パターンくらいのシナリオをつくり、それぞれのパターンの可能性を数字にしています。これはただの予想にすぎず、何の根拠もないのですが、あえて数字にする効果は絶大です。

たとえば、いくらEVシフトが激しいといっても、10年後にすべてのクルマがEVになる確率はほぼゼロといってよいでしょう。しかし、1割がEVになるというなら確率20％くらいに上昇するかもしれませんし、5％がEVになるというなら50％と見る人も出てくるでしょう。

本気で投資を検討するなら、5％なのか20％なのかという違いは大きな分かれ道となります。20％の確率なら賭けてみようという人も出てくるにちがいありません。

数字は曖昧《あいまい》に処理せず、「何年後に何％」と具体的にいい切ったほうがイメージしやすく、結果として意思決定もラクになってくるものです。

あとは思い切って行動に移せるかどうかです。

個人投資家はプロの投資家と比較して、時間という大きなメリットがあります。プロの投資家は出資者という「お客さん」がいますから「相場の調子がいまひとつなので、今年は投資しません」という選択肢は許されません。

しかし、**個人投資家は「休むも相場」という格言があるように、しばらくは投資をせず様子を見るという決断もできます。**またファンドと異なり、成果を出す期限もありませんから、**長期的なスタンスで投資に取り組むことができます。**

これはプロでは絶対に得ることができない強みといえます。

プロの技術をしっかりと身につけ、さらに時間を味方につければ、10年後、20年後には大きな投資成果が得られているはずです。

※本書は投資を勧誘するものではありません。
投資の判断は、自己責任でおこなってください。

著者略歴

経済評論家。東北大学工学部原子核工学科卒業後、日経BP社に記者として入社。野村證券グループの投資ファンド運用会社に転じ、企業評価や投資業務を担当。独立後は、中央省庁や政府系金融機関などに対するコンサルティング業務に従事。現在は、金融、経済、ビジネス、ITなど多方面の分野で執筆活動をおこなっている。自ら億単位の資産を運用するカリスマ投資家でもある。

著書には『感じる経済学』(SBクリエイティブ)、『ポスト・アベノミクス時代の新しいお金の増やし方』(ビジネス社)、『「教養」として身につけておきたい戦争と経済の本質』(総合法令出版)、『新富裕層の研究——日本経済を変える新たな仕組み』(祥伝社新書)、『お金持ちの教科書』(CCCメディアハウス)、『株で勝ち続ける人の常識 負ける人の常識』(KADOKAWA)などがある。

加谷珪一オフィシャルサイト
http://k-kaya.com/

プロ投資家《とうしか》の「株《かぶ》を買《か》いたくなる会社《かいしゃ》」の選《えら》び方《かた》

——なぜトヨタは「買《か》い」ではないのか

二〇一八年一月一一日　第一刷発行

著者　加谷《かや》珪一《けいいち》

発行者　古屋信吾

発行所　株式会社さくら舎　http://www.sakurasha.com

東京都千代田区富士見一-二-一一　〒一〇二-〇〇七一

電話　営業　〇三-五二一一-六五三三　ＦＡＸ　〇三-五二一一-六四八一

編集　〇三-五二一一-六四八〇　振替　〇〇一九〇-八-四〇二〇六〇

装丁　石間　淳

カバー写真　アフロ

本文組版　朝日メディアインターナショナル株式会社

印刷・製本　中央精版印刷株式会社

ISBN978-4-86581-132-2